Andrea Oder

Sabbatical

Verwirklichen Sie Ihren Traum
vom Ausstieg auf Zeit

Campus Verlag
Frankfurt/New York

ISBN 978-3-593-51001-9 Print
ISBN 978-3-593-44116-0 E-Book (PDF)
ISBN 978-3-593-44127-6 E-Book (EPUB)

Umschlaggestaltung: Zeichenpool, München
Umschlagmotiv: © Shutterstock: docstockmedia
Satz: Fotosatz L. Huhn, Linsengericht
Gesetzt aus Minion Pro und Myriad Pro
Druck und Bindung: Beltz Grafische Betriebe GmbH, Bad Langensalza
Printed in Germany

www.campus.de

Stellen Sie sich einmal Folgendes vor:

*Es ist Montagmorgen. Sie schlagen die Augen auf
und vor Ihnen liegen sechs Monate freie Zeit.
Kein Chef, kein Job und keine Kollegen erwarten Sie.
Die Zeit, die vor Ihnen liegt,
ist ohne äußere Verpflichtungen –
und alles ist finanziell abgesichert!*

*Welchen persönlichen Traum wollen
Sie sich gerne verwirklichen?*

Jedes Tag ist die Chance
das zu tun, was du tun möchtest!
~ Friedrich Schiller

Inhalt

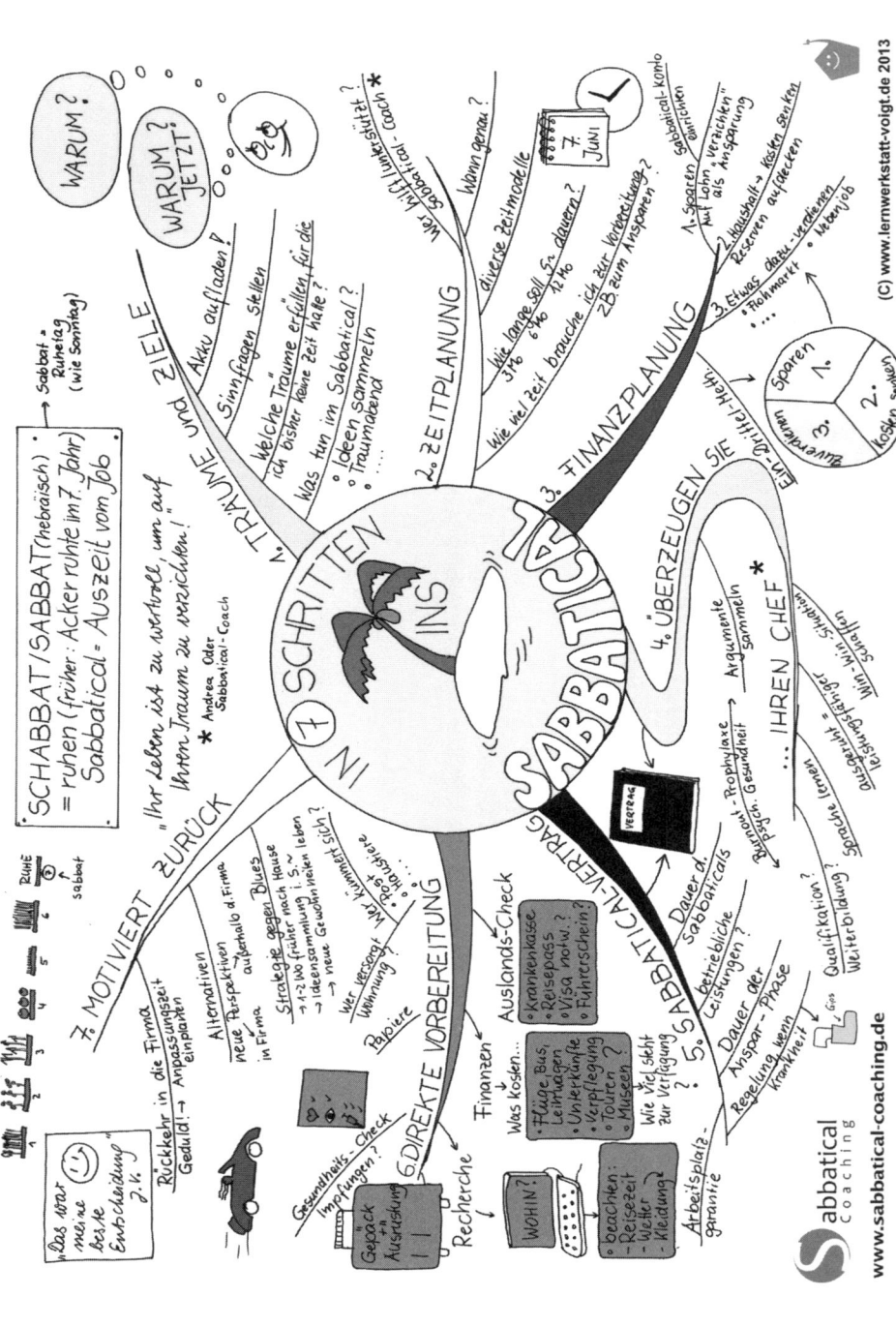

www.sabbatical-coaching.de

Einleitung

Alle Menschen haben Ziele und Träume: einen Job, der uns Spaß macht, eine glückliche Beziehung, Gesundheit, körperliche Fitness und konkrete Pläne, die wir erreichen wollen. Ziele und Träume sind die Urmotivation, um uns weiterzuentwickeln und Veränderungen zu wagen. Und dann gibt es noch unsere Sehnsuchtsziele, wie ich sie nennen möchte. Meist haben sie im Alltag wenig oder gar keinen Platz. Es sind Wünsche, die wir vielleicht schon seit unserer Kindheit haben und die wir als unrealistisch oder in der jetzigen Lebenssituation als unpassend zur Seite geschoben haben.

Wie kommt es, dass Sie jetzt dieses Buch in den Händen haben? Wodurch wurde bei Ihnen die Sehnsucht nach einer Auszeit geweckt? War es eine Dokumentation über Aussteiger in Kanada? Oder hat Sie ein Konzert tief berührt und Sie daran erinnert, dass Sie genau dieses Instrument schon als Teenager gerne spielen wollten?

Auf einmal ist er da, der Wunsch, eine Zeitlang aus dem Alltag auszusteigen, um etwas wirklich zu erleben, von dem wir schon so lange träumen. Ein Sabbatical ist die perfekte Gelegenheit dafür.

Ich finde es wunderbar, dass Sie Ihr Sabbatical nicht auf die Zeit Ihres Ruhestandes aufschieben wollen. Herzenspläne sollten einfach genau jetzt umgesetzt werden, wenn wir uns körperlich und geistig fit genug dafür fühlen. Und wer weiß, wie unser Leben weitergeht, wenn wir jetzt den Mut aufbringen, diesen Traum Wirklichkeit werden zu lassen? Ich weiß aus eigener Erfahrung, dass ein Sabbatical nicht nur durch die Auszeit an sich eine Bereicherung ist. Die Erlebnisse und Erfahrungen haben mein Leben und das von vielen anderen Menschen danach positiv verändert.

Wenn nicht jetzt, wann dann? Wann haben Sie das letzte Mal ganz spontan etwas Verrücktes gemacht, einfach weil es sich so gut anfühlt? Vielleicht sind Sie ja genau jetzt dabei, etwas Neues zu wagen. Wenn wir Glück hatten, wurden wir in der Kindheit ermutigt, Wünsche und verrückte Ideen auszusprechen und konnten unsere Fantasien einfach leben. Dann haben wir es auch als Erwachsene leichter, unsere Wünsche im Leben umzusetzen. Doch leider geht uns manchmal diese Natürlichkeit verloren.

Was Sie in diesem Buch erwartet

Dieses Buch will Sie und alle anderen Sabbatical-Willigen dabei unterstützen, ihre Auszeit genauso genussvoll zu erleben, wie ich selbst dies schon mehrfach getan habe. Hilfreich hierfür ist es, den spannenden Prozess eines Sabbaticals so übersichtlich und leicht wie nur möglich zu gestalten – und zwar vom ersten Gedanken bis zur Umsetzung. Um dieses Ziel zu erreichen, sind in dieses Buch viele Erfahrungen meiner Klienten und all jener eingeflossen, die das Abenteuer Sabbatical genossen haben und die mich bereitwillig an ihren Erfahrungen, Tipps und Träumen haben teilhaben lassen.

Natürlich bedeutet ein Sabbatical auch eine Menge Arbeit, und wie bei jedem wirklich großen Projekt gibt es Momente, in denen es einem zu viel wird und man zweifelt, ob alles so klappen wird. Das ist ganz normal.

Damit Sie nichts Wichtiges vergessen und den roten Faden nicht verlieren, gibt dieses Buch eine Übersicht über die notwendige Planung einer Auszeit und noch viel mehr:

- Lernen Sie Methoden kennen, um leichter Zugang zu Ihren Wünschen und Zielen zu bekommen.
- Welcher Sabbatical-Typ sind Sie? Machen Sie den Test.
- Lassen Sie sich inspirieren von Ideen für ein Sabbatical.
- Erfahren Sie, mit welchen Arbeitszeitmodellen Sie sich die freie Zeit erschaffen können und was in einen Sabbatical-Vertrag hineingehört.

- Welche Argumente helfen beim Arbeitgeber?
- Drei Dinge beeinflussen die Planung: Erfahren Sie alles über Zeit, Ziele und Kosten.
- Welche typischen Fehler und Fallstricke gibt es?

Ganz besonders möchte dieses Buch Sie dazu ermutigen, sich selbst und Ihrem Leben oberste Priorität zu geben.

Wie können Sie vorgehen?

Sie können das Buch chronologisch – Schritt für Schritt – durchgehen oder sich sofort die Kapitel vornehmen, von denen Sie sich angesprochen fühlen. Wenn Sie mehr über Sabbatical-Modelle wissen möchten oder darüber, wie Sie sich auf das Gespräch mit Ihrem Vorgesetzten vorbereiten können, gehen Sie einfach direkt zu dem entsprechenden Kapitel. Lassen Sie sich inspirieren, informieren und anregen.

Vor einem möglichen Irrtum möchte ich Sie allerdings gleich bewahren: Es reicht nicht, einfach dieses Buch zu lesen und zu glauben, dass der Rest von allein komme. Werden Sie aktiv und handeln Sie, sonst bleibt Ihr Traum ein Traum.

Erst mit einer Planung wird ein Sabbatical möglich. Ihr persönlicher Start in einen ganz besonderen Lebensabschnitt beginnt mit dem ersten Schritt in diese Richtung. Und wenn Sie sich dann noch eine Frist setzen, wann Sie Ihre Auszeit beginnen wollen, dann hat Ihr Sabbatical die beste Chance, Realität zu werden. Deshalb finden Sie in diesem Buch neben ausführlichen Skizzen zu allen Themen rund um die Sabbatical-Planung konkrete Übungen, viele Tipps und Planungshilfen, Informationen über weiterführende Links und Hinweise auf vertiefendes Wissen.

Es ist mir ein Anliegen, dass sich Frauen und Männer gleichermaßen angesprochen fühlen. Deshalb spreche ich alle Leserinnen und Leser mit Sie an und verwende möglichst Bezeichnungen, in der sich beide Geschlechter wiederfinden. Eine geschlechtsneutrale Formulierung gelingt leider nicht immer und wenn ich dann eine männliche Form gewählt habe, bitte ich um Nachsicht und Verständnis. Als Coach und als Mensch ist es mir wichtig, dass Sie sich bei mir jederzeit gut aufgehoben fühlen. Für den einen gehört das »Sie« für einen respektvollen Umgang dazu. Andere favorisieren das »Du«. Ich habe mich im Text für das »Sie« entschieden, um auch den Menschen entgegenzukommen, die etwas mehr Distanz als angenehmer empfinden. Wer das »Du« bevorzugt, soll sich aber bitte genauso herzlich angesprochen fühlen.

Damit Sie maximal von diesem Buch profitieren können, möchte ich Ihnen noch ein paar Hinweise mit auf den Weg geben: Stellen Sie zuerst fest, ob sich die Lektüre für Sie überhaupt lohnt. Dieses Buch ist sinnvoll für Sie, wenn Sie entweder für sich Klarheit finden wollen, ob ein Sabbatical das Richtige ist, oder wenn Ihre Entscheidung bereits getroffen ist und Sie konkrete Tipps und Anleitungen für die Planung suchen. Vielleicht hilft Ihnen der Kurzcheck: »Reif für ein Sabbatical?« am Anfang von Kapitel 2.

Nehmen Sie sich Zeit und genießen Sie die Planungen. Ein Sabbatical lässt sich nicht in sieben Tagen umsetzen. Betrachten Sie dieses Buch als einen Wegbegleiter, der Sie bei Ihrer einzigartigen Planung und Strategie unterstützt – egal, ob die Sabbatical-Planung drei Monate oder ein Jahr benötigt. Vertrauen Sie sich und der Entwicklung Ihres Prozesses.

Wundern Sie sich nicht, wenn Sie manchmal zwischen den einzelnen Schritten springen werden. Vielleicht haben Sie zuerst an ein Sabbatical von sechs Monaten gedacht und überlegt, welches Sparvolumen Sie in zwei Jahren zusammen haben. Bei der Planung und Kostenkalkulation stellen Sie dann aber fest, dass Ihre Wünsche das Sparvolumen weit überschreiten. Was tun? Vielleicht kommen Sie zu dem Ergebnis, dass Sie die Auszeit auch mit einem einfacheren Standard genießen können. Vielleicht verschieben Sie aber auch den Beginn Ihrer Auszeit um ein paar Monate und sparen etwas länger. Dann passen Sie Ihre Zeit- und Kostenplanungen wieder an.

Entscheidend für die Umsetzung Ihres Traumes ist natürlich, dass Ihre Planungen in Handlungen umgesetzt werden. Das kann ich nicht oft genug betonen.

Sie haben Fragen? Wenden Sie sich einfach telefonisch oder per

E-Mail an mich. Ich habe für Ihre Fragen und Anregungen ein offenes Ohr und tausche mich gerne mit Ihnen aus.

Nachdem Sie sich nun entschieden haben, Ihr Sabbatical in die Tat umzusetzen, lassen Sie uns einfach beginnen. Es lohnt sich. denn unser Leben ist zu wertvoll, um auf unseren Traum zu verzichten.

Es grüßt Sie herzlichst
Ihre *Andrea Oder*

1. Ich bin dann mal weg

- Was ist ein Sabbatical?
- Neun Motive für eine Auszeit
- So profitiert die Wirtschaft von einem betrieblichen Sabbatical
- Sabbatical in Wirtschaftsunternehmen
- Sabbatical im öffentlichen Dienst
- Sabbatical für Selbstständige und Freiberufler
- 25 Ausreden, es nicht zu tun

Was ist ein Sabbatical?

Ich bin dann mal weg von Hape Kerkeling wurde zu einem Sinnbild für ein Sabbatical. Heute sprechen wir von einem Sabbatjahr oder eben einem Sabbatical und meinen damit eine Auszeit vom Job. Das Besondere an einem Sabbatical ist die Tatsache, dass man für eine befristete Zeit aus dem Job aussteigt und danach mit allen Rechten und Pflichten an den alten Arbeitsplatz zurückkehrt. Das können drei Monate oder ein ganzes Jahr sein. Es ist also eine Unterbrechung des Berufsalltags.

Doch auch Menschen, die ihrem Arbeitgeber kündigen und danach die Welt umrunden, sprechen von einem Sabbatical. Für manche ist auch ein vierwöchiger Klosteraufenthalt oder eine bewusste Auszeit zwischen zwei Jobs ein Sabbatical. Die meisten Menschen verbinden mit dem Begriff einen Zeitraum, der frei von äußeren Verpflichtungen ist und den sie mit ihren eigenen Zielen, Bedürfnissen und der Verwirklichung von Lebensträumen füllen können.

Woher kommt der Begriff Sabbatical? Ursprünglich stammt der Begriff Sabbatical aus der jüdischen Religion und bezeichnet den traditionellen Ruhetag einer Woche, den Sabbat. Das hebräische Substantiv »Schabbat« leitet sich vom Verb »ruhen« ab. Traditionell ließ man zudem in der Landwirtschaft die Äcker alle sieben Jahre – nämlich im

Schabbatjahr – ruhen, damit der Boden, der nach einigen Jahren ausgelaugt ist, die Möglichkeit hatte, sich zu regenerieren.

Die Idee einer Ruhezeit haben in den 1960er Jahren US-amerikanische Professoren aufgegriffen. Nach einigen Jahren Lehrtätigkeit haben sie ein sogenanntes Freisemester in Anspruch genommen. In dieser kreativen Pause sollten Hochschullehrer die Möglichkeit haben, sich mit neuen Inhalten zu beschäftigen und wieder frische Ansätze für die Forschung und Energie für ihre Vorlesungen zu sammeln.

Das Freisemester wurde auch an den Hochschulen in Europa populär. Später schlossen sich Lehrer und Beamte dem Modell an. Inzwischen sind Sabbaticals selbst in deutschen Wirtschaftsunternehmen angekommen. International tätige Unternehmen wie Audi, BMW, SAP, Google und Lufthansa bieten mittlerweile ihren Mitarbeitern die Möglichkeit eines Sabbaticals.

»Mitarbeiter gehen lassen, um sie zu binden – das ist nur auf den ersten Blick ein Paradoxon«, schreibt Handelsblatt.com und bezieht sich auf eine Studie des Netzwerkes Xing im Januar 2017.»Für Konzerne und Mittelständler sind mehrmonatige Auszeiten vom Job mittlerweile auch ein wichtiges Instrument der Personalführung. Im steigenden Wettbewerb um Fachkräfte nehmen Unternehmen die zusätzlichen Kosten auf sich, denn sie wissen: Wollen sie qualifiziertes Personal anlocken oder halten, müssen sie solche Benefits anbieten. Sabbaticals stehen dabei weit oben auf der Liste.«[1]

Neun Motive für eine Auszeit

Das Sabbatical ist längst eine etablierte Möglichkeit, den beruflichen Werdegang und die Balance zwischen Arbeit und Erholung aktiv zu gestalten. Fast jeder dritte Berufstätige beschäftigt sich aktiv mit dem Thema Sabbatical. 10 Prozent der Deutschen haben bereits eine Auszeit genommen, weitere 21 Prozent liebäugeln mit einer beruflichen Verschnaufpause, so eine repräsentative Xing-Studie[2], für die knapp 1500 Arbeitnehmer in Deutschland befragt wurden.

Ein Sabbatical ist die Chance, sich selbst ein Geschenk zu machen. Es ist eine Zeit, um die inneren Energiespeicher wieder aufzufüllen, sich einen Traum zu verwirklichen oder sich beruflich neu zu orientieren. Es bietet die Möglichkeit herauszufinden, wer wir wirklich sind und Antworten auf die Frage nach unserem persönlichen Lebenssinn zu erhalten. Was macht mich glücklich? Und was sollte ich in diesem Leben machen? Vielleicht stecken Sie gerade mitten in den Überlegungen, warum eine Auszeit für Sie sinnvoll sein kann. Ich stelle Ihnen hier die häufigsten Motive für eine Auszeit vor:

Motiv 1: Raus aus dem Hamsterrad!

Das meistgenannte Motiv für ein Sabbatical ist, aus dem beruflichen Stress auszubrechen, die eigenen Kraftreserven wieder aufzufüllen und eine Zeitlang ein selbstbestimmtes Leben zu führen. Die meisten Arbeitnehmer kennen das Gefühl nur zu gut, sich durch äußere Taktgeber und betriebliche Ziele über Jahre in einem eng vorgegebenen Rahmen zu bewegen. Egal wie sehr man seinen Job mag, irgendwann ist die Luft raus. Da hilft eine Auszeit, um den Kopf frei zu bekommen und danach gestärkt wieder in den Job einzusteigen. Auch der Trott in unseren täglichen Gewohnheiten und Routinen kann müde machen. Ein Ortswechsel und neue Menschen bringen neuen Schwung und Energie ins Leben.

Motiv 2: Reisen, Reisen, Reisen

Fast jeder zweite Mensch möchte eine Auszeit nutzen, um eine große Reise zu machen. Für einige ist das eine Weltreise, für die meisten Menschen stehen eher ein bis drei fremde Länder auf der persönlichen Wunschliste. Und viele möchten eine Zeitlang in ihrem Lieblingsland leben. Sie wollen eintauchen in diese Welt, Land und Bewohner besser kennenlernen, statt nur Pauschaltourist zu sein.

Egal ob nur Reisen oder Reisen und Arbeit verbinden (Work and Travel) – es übt eine gewaltige Anziehungskraft aus, die Welt besser kennenzulernen, andere Kulturen und Sprachen zu erleben und sich auf ungewohnte Tätigkeiten einzulassen. Ein Kontrastprogramm zum Schreibtischjob kann dabei ganz verschieden aussehen: Pferdeställe ausmisten, als Kanuguide arbeiten oder mit seinen Fachkenntnissen einem kleinen Unternehmen beim Aufbau helfen.

Motiv 3: Zeit für Partner und Familie oder die Pflege von Angehörigen

Ein wichtiger Grund ist auch, eine intensive Phase mit dem Partner zu erleben, für die Familie da zu sein oder Zeit für die Pflege von Familienangehörigen zu haben. Denkbar sind das gemeinsame Reisen, aber die Zeit kann auch genutzt werden, um beispielsweise ein Kind durch eine schwierige Lebensphase zu begleiten oder als Familie ein besonderes Projekt umzusetzen. Die Familie holt sich den lang ersehnten Hund oder lebt drei gemeinsame Monate im Sommer auf einer Alm in Österreich.

Motiv 4: Sich um die Gesundheit kümmern

Mit dem Thema Dauerstress im Job, Erschöpfung und Vorbeugung eines Burnouts sind viele Menschen im Arbeitsleben konfrontiert. Fast jeder kennt Phasen, in denen man sich nur schwer motivieren kann und sich ausgepowert fühlt. Eine Möglichkeit, dem entgegenzuwirken, kann eine Auszeit sein, um sich gezielt um die eigene Gesundheit zu kümmern. Das kann ein Sportprogramm sein, eine Ernährungsumstellung oder das Erlernen von Entspannungstechniken. Gerade Menschen, die permanent unter Stress stehen, sind besonders anfällig für Krankheiten und benötigen Auszeiten und Methoden, sich zu regenerieren.

Motiv 5: Berufliche Weiterbildung oder Neuorientierung

Bei jüngeren Menschen wird eine Auszeit gerne dazu genutzt, um sich beruflich weiterzubilden. Das geht vom Lernen einer Sprache über den Bachelor, die gezielte Fortbildung bis hin zu einer Umschulung. In der Kombination einer Auszeit mit einer Weiterbildung liegt immer auch Potential für den Arbeitgeber, was im Gespräch mit der Personalabteilung ein gutes Argument dafür ist.

Eine Auszeit ist auch hilfreich, um große berufliche Veränderungen zu planen und über andere Optionen nachzudenken, sich beispielsweise im Beruf neu zu orientieren oder gar ganz neu auszurichten. Es ist eine finanziell gesicherte Zeit, um eine Selbstständigkeit aufzubauen oder sich mit einem zweiten Standbein im Nebenberuf selbstständig zu machen.

Motiv 6: Verwirklichung von persönlichen Träumen und Projekten

In zwölf Monaten um die Welt, ein Hausbau oder einen Sommer auf der Alm – ein Sabbatical ist die ideale Voraussetzung, um Lebensträume, Herzenswünsche oder auch ganz konkrete Projekte in die Tat umzusetzen, für die neben dem Berufsalltag einfach nicht genug Zeit bleibt. Die Menschen lassen sich dabei von dem leiten, was Begeisterung und Sehnsucht in ihnen weckt, beispielsweise eine Sportart wie Aikido zu erlernen oder sie in Japan, in ihrem Ursprungsland, zu vervollkommnen. Sie lernen ein Instrument oder melden sich für einen Yogakurs an. Es kann auch etwas Außergewöhnliches sein wie Björn Klauers Reise über 800 Kilometer mit Huskys durch Lappland.

Motiv 7: Soziales Engagement

Vielen Menschen ist es ein Bedürfnis, einen sozialen Beitrag zu leisten und die Welt ein Stück positiver zu gestalten. Soziales Engagement – sei es als Ehrenamt in der eigenen Stadt, als freiwilliger Helfer in einem sozialen Projekt in Afrika oder im Umwelt- und Tierschutz – lässt auch die Helfer an ihren Herausforderungen wachsen und schenkt ihnen neue Eindrücke und besondere Momente.

Motiv 8: Besinnen und Entschleunigen

Ein Sabbatical bietet die Chance auf eine selbstbestimmte Zeit, um sich selbst zu fragen: Wo stehe ich in meinem Leben und wo will ich in den nächsten zehn Jahre hinkommen? Sich auf sich selbst zu besinnen, fällt uns leistungsorientierten Menschen in einem Umfeld leichter, das Struktur oder Anleitung gibt und uns auffordert, auf uns selbst zu schauen. Pilgern, ein Rückzug in die Natur, eine Yogareise oder ein Klosteraufenthalt werden von immer mehr Menschen genutzt – als »Detox« gegen Reizüberflutung, Konsum und digitale Medien.

Motiv 9: Den eigenen Horizont erweitern

Neue Perspektiven gewinnen, das eigene Leben verändern, sich persönlich weiterentwickeln – diese übergeordneten Bedürfnisse begleiten viele Menschen, wenn sie ihre greifbaren Ziele umsetzen, wie eine Segeltour nach Tasmanien oder das Erwandern des Jakobswegs. Allein die Tatsache, ein Sabbatical zu nehmen, bewirkt, dass wir über den eigenen Tellerrand schauen und neue Erfahrungen sammeln. Es gibt also viele gute Gründe, die für den Einzelnen für ein Sabbatical sprechen. Doch was spricht aus Sicht der Unternehmen für eine Auszeit der Mitarbeiter?

So profitiert die Wirtschaft von einem betrieblichen Sabbatical

Viele, die zu mir in ein Coaching kommen, sagen erst einmal: »Das ist ja schön und gut, Frau Oder, aber mein Arbeitsplatz ist so speziell. Ich habe deswegen noch nicht mal eine ordentliche Urlaubsvertretung. Wie soll das in einem Sabbatical gehen? Und ehrlich gesagt, hat mein Chef für solche ›privaten Spinnereien‹ gar nichts übrig. Da riskiere ich meinen Job.«

Dabei profitiert nicht nur der Einzelne von einem Sabbatical, sondern auch die Unternehmen der freien Wirtschaft, der öffentliche Dienst, Selbstständige und Freiberufler.

Sabbatical in Wirtschaftsunternehmen

Leistungsfähige und motivierte Mitarbeiter sind das wichtigste Kapital eines erfolgreichen Unternehmens. Das haben große Unternehmen wie Google, Audi, Lufthansa, BMW erkannt und nutzen die Vorteile eines betrieblichen Sabbaticals.

Das kommt auch nicht von ungefähr. Unsere Zeit – mit ihrer Beschleunigung, Verdichtung und zunehmenden Komplexität – fordert ihren Tribut. Die großen Krankenversicherungen wie Allgemeine Ortskrankenkasse AOK, Techniker Krankenlasse und DAK Gesundheit veröffentlichen regelmäßig ihre Gesundheitsreporte[3]. 2015 und 2018 haben sie Bilanz gezogen. Danach sind die Fehlzeiten der Mitarbeiter in deutschen Unternehmen aufgrund psychischer Erkrankungen allein seit 2006 um über 100 Prozent angestiegen. Das bedeutet rund 12 zusätzliche Fehltage. Die Fehlzeiten aufgrund psychischer Erkrankungen steigen seit Jahren an und verursachen mit durchschnittlich 35 Tagen je Fall dabei über 43 Prozent aller Ausfalltage. Die Empfehlungen an die Wirtschaft lauten: Gesundheitsförderung und betriebliche Prävention stärken.

Genau dies führt zu einem Umdenken bei den Unternehmen. Ein Sabbatical wird immer häufiger ein – wenn auch kleiner – Baustein im betrieblichen Gesundheitsmanagement. Unternehmer, die ihren Mitarbeitern die Möglichkeit bieten, sich einen Lebenstraum zu erfüllen, haben bestätigt, dass diese mit viel mehr Energie und Freude bei der Arbeit sind. Und genau darin besteht ein großer Gewinn für Unternehmen, ein Sabbatical zu unterstützen. Denn Unternehmen können sich in diesen schwierigen Zeiten nur dann nachhaltig am Markt behaupten, wenn sie auf die vollen Ressourcen ihrer Mitarbeiter zurückgreifen können.

Wussten Sie, dass für 95 Prozent aller Menschen eine Weltreise die Erfüllung eines Lebenstraums bedeutet? Wie würden Sie als Angestellter reagieren, wenn Ihr Chef sagt: »Sie haben so tolle Arbeit geleistet in den letzten Jahren. Ich mache Ihnen ein Angebot. Sie haben die Wahl: Möchten Sie eine Gehaltserhöhung haben oder für diesen Betrag ein Zeitkonto ansparen und in drei Jahren eine Auszeit von drei Monaten nehmen? Ich unterstütze Sie dabei.«

Was bislang ein Wunschtraum ist, hat durchaus Potenzial für die Zukunft. Für Unternehmen bieten Sabbaticals folgende Vorteile:

Selbst finanzierte Auszeit Der Arbeitnehmer finanziert sich nicht nur seine Auszeit selbst, er schenkt dem Arbeitgeber darüber hinaus auch einen Mitarbeiter, der seine Reserven vollkommen wieder aufgefüllt hat und mit neuer Energie und Schaffenskraft an seinen Arbeitsplatz zurückkehrt.

Kompetenzgewinn Manche Mitarbeiter gehen während ihrer Auszeit vielleicht ins Ausland und lernen dort eine Fremdsprache oder nutzen die Zeit für eine Fortbildung. Damit finanzieren sie nicht nur die Weiterbildung selbst, sondern erweitern darüber hinaus ihre persönlichen Kompetenzfelder und steigern gleichzeitig den Marktwert des Unternehmens. Die Firma gewinnt zusätzlich fachliche Kompetenz. Auch wenn Mitarbeiter eine Auszeit lediglich fürs Reisen nutzen, kann das Unternehmen profitieren. Denn durch intensives Reisen und das Kennenlernen anderer Kulturen wachsen die interkulturellen Kompetenzen. Hierunter versteht man die Fähigkeit, fremde Kulturen nicht nur theoretisch zu kennen, sondern auch praktisch zu verstehen und zu respektieren. Gerade dann, wenn Mitarbeiter auf internationaler Ebene arbeiten, werden diese Soft Skills geschätzt.

Kreativität Viele Menschen berichten nach einem Sabbatical, dass sie nicht nur wieder voller Power sind, sondern dass sich ihre Energie sogar vervielfacht hat. Der Akku ist endlich mal wieder so richtig aufgeladen und die Kreativität ist wieder da. Als Arbeitgeber stellen Sie das daran fest, wie locker berufliche Herausforderungen nun gemeistert werden und dass sich auch der Spaß an der beruflichen Aufgabe wieder eingestellt hat. Es kommen neue Impulse, die auch auf die anderen Mitarbeiter ausstrahlen.

Firmenbindung Rückkehrer haben mir bestätigt, dass sie das Entgegenkommen ihres Arbeitgebers sehr zu schätzen wissen und sich emotional stärker an das Unternehmen gebunden fühlen. Personalfluktuation und damit verbundene hohe Einarbeitungskosten für neue Mitarbeiter lassen sich so deutlich senken.

Entlastung in auftragsschwachen Zeiten Ein Sabbatical kann Unternehmen in auftragsschwachen Zeiten entlasten. So stehen Mitarbeiter dann zur Verfügung, wenn sie personell benötigt werden. Dass kann unter Umständen Kurzarbeit oder Entlassungen vorbeugen.

Fachkräftemangel Eine Firma, die ihren Mitarbeitern die Möglichkeit eines Sabbaticals gibt, gewinnt in der Außenwahrnehmung deutlich an Attraktivität. In Zeiten von Fachkräftemangel kann das ein entscheidender Vorteil auf dem Arbeitsmarkt sein.

Eine häufig geäußerte Sorge von Personalchefs ist: »Was ist, wenn zu viele gleichzeitig ein Sabbatical beantragen und weg sind? Dann habe ich als Unternehmen noch mehr Probleme.« Zum einen habe ich es bislang noch nicht erlebt, dass von zehn Mitarbeitern mit Interesse an einem Sabbatical auch alle einen Antrag gestellt haben. Zudem hat jedes Unternehmen die Möglichkeit, Rahmenbedingungen zu vereinbaren: über die Anzahl von Mitarbeitern, die gleichzeitig im Sabbatical sein dürfen, über den zeitlichen Vorlauf und so weiter. Allein die Tatsache, dass ein Sabbatical überhaupt möglich ist, wird zum guten Betriebsklima beitragen, auch wenn nur einige den Schritt wagen.

Sabbatical im öffentlichen Dienst

In Deutschland haben wir derzeit rund 44,85 Millionen Erwerbstätige, davon sind mit rund 10 Prozent – nämlich 4,6 Millionen – Frauen und Männer im öffentlichen Dienst beschäftigt. Dazu zählen Bund, Länder, Kommunen und verschiedene Körperschaften des öffentlichen Rechts.

Der öffentliche Dienst kämpft mit ähnlichen Problemen wie die Wirtschaft. Es fehlt in hohem Maße an qualifiziertem Personal, was in vielen Bereichen zu Überbelastungen führt. Unbesetzte Stellen, Ausfälle durch Burnout und ein hoher Krankenstand erschweren die Aufgabenerfüllung der Behörden. Eine Besonderheit kommt noch hinzu: Die Strukturen im öffentlichen Dienst sind eher unflexibel und lassen den Mitarbeitern wenig Eigenverantwortung und oft kaum Gestaltungsspielraum, was zu einer hohen subjektiven Unzufriedenheit führt. Auch die Möglichkeiten eines Jobwechsels sind deutlich eingeschränkter als in der freien Wirtschaft.

Im Jahresreport des Deutschen Gewerkschaftsbundes 2017 mit dem Schwerpunkt »Vereinbarkeit von Arbeit und Privatleben« wird deutlich, in welchem beachtlichen Umfang psychische Belastungen und erschöpfungsbedingte Schwierigkeiten dort auftreten. Auch im öffentlichen Dienst sind es die sogenannten weichen Faktoren, von denen man sich Veränderungen für die Zukunft verspricht: Wichtig seien eine Präventionskultur und ein positives Betriebsklima. Außerdem gilt es, neue Mitarbeiter zu gewinnen und das eigene Fachpersonal zu binden. Das macht ein Sabbatical auch im öffentlichen Dienst interessant.

Beschäftigte des öffentlichen Dienstes haben es hinsichtlich einer Auszeit zudem vergleichsweise einfach, denn in den meisten Bereichen findet das Teilzeitgesetz Anwendung. Für Lehrer gibt es darüber hinaus in den meisten Bundesländern sogar konkrete Regelungen für Sabbaticals. (Mehr zu den Rahmenbedingungen finden Sie in den Kapiteln 3 und 4.)

Die Mitarbeiter im öffentlichen Dienst finanzieren sich ihre Auszeit ebenfalls selbst und betreiben mit einem Sabbatical aktiv Gesundheitsvorsorge. Die Mitarbeiterzufriedenheit wirkt sich positiv auf Personalfluktuation und Personalmangel aus. Sie hilft nicht nur dem Einzelnen, sondern trägt ebenso zur Verbesserung in der Behörde bei.

Sabbatical für Selbstständige und Freiberufler

»Selbstständige arbeiten selbst und ständig.« Mit diesen Worten wird oft die Selbstständigkeit ironisch beschrieben. Gerade Selbstständige haben in der Gründungsphase und den ersten Aufbaujahren weit mehr als die üblichen 40 Stunden zu arbeiten. Selbst ein Urlaub wird oft verschoben, weil man sich um so vieles selbst kümmern muss, man für Kunden erreichbar sein will oder die finanzielle Situation noch angespannt ist.

Gründe, die gegen eine Auszeit sprechen, gibt es viele und doch ist es wichtig, auch mal abzuschalten, um Körper und Seele die Chance auf Erholung zu geben. Jeder Mensch hat gewissermaßen Leistungsbatterien, die irgendwann leer sind, wenn sie pausenlos gefordert sind.

Was spricht also für eine Auszeit bei Selbstständigen? Da Selbstständige und Freiberufler eine sehr hohe Leistungsbereitschaft haben, ist bei ihnen die Gefahr groß, dauerhaft über die eigenen Grenzen zu gehen und sich zu überfordern. Ohne Phasen der Erholung sinkt die physische und psychische Leistungsfähigkeit, und auch die Kreativität lässt nach. Ein Burnout-Syndrom kann die Folge sein, was für Selbstständige schnell zu einer existenziellen Bedrohung wird.

Ein Sabbatical stellt für einen Selbstständigen allerdings besondere Anforderungen hinsichtlich der Planung. Sie müssen lernen, einen

Auftrag auch einmal abzulehnen, Aufgaben zu delegieren und outzusourcen. Das fällt anfangs zwar schwer und verursacht oft auch ein schlechtes Gewissen, ist aber entscheidend, um auf lange Sicht leistungsfähig zu bleiben. Bilden Sie außerdem finanzielle Rücklagen, auch in Zeiten, in denen das Geld knapp ist. Und nehmen Sie den eigenen Urlaub und Erholungszeiten ernst. An der einen oder anderen Stelle sind sicher Kompromisse angebracht. Vielleicht ist es besser, eine Stunde pro Urlaubstag am Strand am Laptop zu arbeiten, als einen wichtigen Kunden zu verlieren und ein dickes Minus auf dem Konto zu haben.

Als Selbstständiger bestimmen Sie selbst, wie lange Ihre Auszeit dauern soll. Sie müssen niemand anderen um Erlaubnis fragen als sich selbst. Eine Auszeit von sechs Wochen oder drei Monaten ist in vielen Fällen vermutlich entspannter – ohne die Sorge, Kunden zu verlieren – als ein ganzes Jahr.

An welche besonderen Punkte müssen Sie als Selbstständige denken, wenn Sie ein Sabbatical planen? Sie haben sich ein Ziel gesetzt, den Zeitraum festgelegt und das nötige Budget berechnet. Nun geht es darum

- Geld anzusparen,
- aktuelle Projekte zu beenden,
- die Vertretungen zu regeln,
- die Mitarbeiter und alle anderen Beteiligten zu informieren.

Der erste und wichtigste Schritt ist allerdings, sich selbst die Erlaubnis zu einer Auszeit zu geben. Wer sich bisher noch nicht einmal Urlaub gegönnt hat, kann sich hilfreiche Tipps auf www.deutschland-startet. de oder auf www.einfach-effektiv.de holen.

Die 25 beliebtesten Ausreden, es nicht zu tun

1. Es passt gerade nicht (ich habe einen neuen Job, ein Haustier, den Handyvertrag verlängert ...).
2. Ich habe Sorge, meinen Job zu verlieren.
3. Ich habe kein Geld.
4. Ich spreche nicht gut genug Englisch, Spanisch oder ...
5. Die Lücke im Lebenslauf sieht schlecht aus.

6. Ich würde ja gerne, aber ich habe Flugangst, Angst vor Krankheiten, gesundheitliche Probleme ...
7. Ich will nicht allein reisen.
8. Das ist viel zu gefährlich.
9. Das kann ich nicht.
10. Vielleicht kann ich mich hinterher nicht wieder eingewöhnen.
11. Das kann ich immer noch machen, nächstes Jahr vielleicht.
12. Mit sowas habe ich kein Glück.
13. Ich weiß nicht, wo ich anfangen soll.
14. Ich traue mich nicht.
15. Ich habe zu viele Verpflichtungen.
16. Was sollen die Leute denken?
17. Dafür bin ich zu alt, zu arm, zu unsportlich.
18. Was, wenn es schiefgeht?
19. Ich warte auf die richtige Gelegenheit.
20. Meine Firma macht da nicht mit.
21. Ich habe gar keine Träume.
22. Dafür fehlt mir die Kraft.
23. Ich würde ja schon, aber mein Freund (Chef, Kind, Partner) ...
24. Da muss ich erst noch ein paar Bücher dazu lesen (die Sprache lernen, Geld ansparen, einen Selbstverteidigungskurs machen ...).
25. Das mache ich, wenn ich in Rente bin (den Traumpartner gefunden habe, die Kinder aus dem Haus sind ...)

Welcher Satz regt Sie besonders auf? Meine Lieblingsausreden sind 4, 15 und 24.

Ausreden sind völlig in Ordnung. Jeder Mensch hat welche. Sie helfen uns in vielen Situationen und bewahren uns vor unangenehmen Veränderungen oder vor Verabredungen, auf die wir gerade keine Lust haben.

Wenn wir allerdings merken, dass es nur Ausreden sind, können wir sie auch bewusst nutzen. Sie weisen nämlich auf alte Denkmuster oder Glaubenssätze hin, die uns jetzt noch daran hindern, etwas zu verändern. Doch nur wenn wir uns auf den Weg ins Sabbatical machen, können wir es auch erreichen.

Gelegenheiten wollen genutzt werden. Sie tun sich meist dann auf, wenn wir bereit dazu sind.

2. Jetzt oder nie! Ist ein Sabbatical das Richtige für mich?

- ➢ Reif fürs Sabbatical?
- ➢ Welcher Sabbatical-Typ sind Sie?
- ➢ So finden Sie Ideen für Ihre Auszeit
- ➢ Ideen und Anregungen fürs Sabbatical
- ➢ Ist Ihr Ziel SMART? Die Formel für erfolgreiche Pläne

Reif fürs Sabbatical?

Etwas über Sabbaticals zu hören oder zu lesen und die eigene Sehnsucht zu fühlen, ist vermutlich der erste wichtige Schritt für eine Auszeit. Nur, woran merken Sie, dass Ihnen ein Sabbatical jetzt wirklich guttun würde? Mit dem folgenden kurzen Check können Sie feststellen, ob eine Auszeit eine spannende Möglichkeit für Sie ist, Ihrem Leben eine neue Qualität hinzuzufügen.

Wir Menschen haben sehr unterschiedliche Arten, um uns zu motivieren und unsere Ziele zu erreichen. Eine der stärksten Kräfte dabei ist die Weg-von-/Hin-zu-Motivation. Grob gesagt bedeutet es: Weg von Schmerz, Stress, Krankheit und allem, was unangenehm ist. Hin zu Freude, Glück, Belohnung und was sich für den Einzelnen positiv anfühlt. Das Wissen über die eigenen mentalen Strategien hilft, leichter die eigenen Kraftreserven zu nutzen, um ein Ziel zu erreichen.

Für Ihre persönliche Einschätzung, wo Sie stehen, habe ich Fragen und Situationsbeschreibungen gewählt, die entweder hin zu Wünschen und Ideen führen oder die Situationen beschreiben, wovon Sie möglicherweise wegwollen. In diesen Fällen geht es um den Stresspegel im Job, darum, wie Ihre Reserveskala aussieht, und um die Frage der Erschöpfung. Bitte beachten Sie, dass es hier sich nicht um eine ärztliche Einschätzung von Stress und Belastung handelt. Es ist eine Hilfestellung, eigene subjektive Empfindungen wahrzunehmen und Sie in Ihren Überlegungen zum Sabbatical zu unterstützen.

- Haben Sie sich vielleicht ein Notizheft für Ihr Sabbatical angeschafft? Das ist eine gute Idee, um alle Notizen zu diesem Thema an einem Ort beisammenzuhaben. Es werden sich im Laufe der Zeit vermutlich viele Ideen und Gedanken ansammeln, was Sie sich von einem Sabbatical wünschen. Schauen Sie, welche der folgenden Fragen Sie besonders anspricht, und beantworten Sie sie gleich schriftlich:

- Welchen Traum wollten Sie sich schon immer mal erfüllen?
- Was ist Ihr größter Wunsch in diesem Leben?
- Sie stehen an einem beruflichen oder privaten Wendepunkt im Leben. Wie soll es jetzt weitergehen?
- Haben Sie das Bedürfnis, Ordnung in Ihr Leben zu bringen?
- Was kommt zu kurz in Ihrem Leben? Was klappt nicht so gut oder nicht mehr so gut. Kommen vielleicht Sie selbst zu kurz in Ihrem Leben?
- Wollen Sie definitiv Ihren Job kündigen, wissen aber nicht, wie es weitergehen soll?

Oder trifft eine oder treffen mehrere der folgenden Situationen auf Sie zu?

- Sie fühlen sich erschöpft.
- Ihre Krankheitszeiten nehmen stark zu.
- Sie langweilen sich in Ihrem Job.
- Sie können sich nicht mehr motivieren.
- Sie bemerken Anzeichen einer Midlife-Crisis.
- Der Job vereinnahmt Sie, es bleibt keine Freizeit mehr.
- Sie vernachlässigen Ihre Hobbys.
- Ihr Partner/Ihre Partnerin/Ihre Familie kommt zu kurz.
- Sie befinden sich in einer anderen Situation? Welche ist es?

Spätestens wenn man sich gänzlich ausgebrannt fühlt, macht man sich Gedanken, eine Weile aus dem Job auszusteigen. Besser ist es jedoch, Sie nehmen die Auszeit früher. Denn Menschen, die sich kurz vor oder in einem Burnout befinden, kann ich ein Sabbatical nicht empfehlen. Ein Burnout ist ein schleichender Prozess, der besonders leistungsorientierte Menschen betrifft. Wenn Sie Anzeichen für tiefe Erschöpfung bei sich feststellen und sich bei den kleinsten Entscheidungen schon überfordert fühlen, ist ratsam, sich professionelle Hilfe zu suchen, beispielsweise innerhalb einer Psychotherapie.

Wenn der berufliche Werdegang stagniert, ist eine gute Frage für sich selbst: Ist mein derzeitiger Beruf wirklich der richtige für mich? Will ich diese Tätigkeiten noch zwanzig Jahre machen?

Wenn Sie Anzeichen der Midlife-Crisis bemerken, würgen Sie sie nicht ab. Nehmen Sie sich stattdessen die Zeit, um die nächste Lebenshälfte zu entwerfen.

Alle Notizen zu Ihren Gedanken und Ihren Ideen sind ein kleiner Schatz, der Ihnen zeigt, in welche Richtung Ihre Bedürfnisse und Ziele für ein Sabbatical gehen. Nehmen Sie daher einfach etwas zum Schreiben und notieren Sie Ihre Gedanken und Ideen.

Welcher Sabbatical-Typ sind Sie?

Ein Gespür für die eigenen Stärken zu entwickeln, fällt den meisten Menschen leichter, als sich über die eigenen Bedürfnisse wie Sicherheit klar zu werden. Jeder Mensch ist auf eine andere Art und Weise mutig oder vorsichtig. Wer im Beruf selbstbewusst ist und auch einen Jobwechsel nicht scheut, kann auf der anderen Seite Berührungsängste bei dem Gedanken an andere Kulturen oder fehlende sanitäre Anlagen haben. Je mehr Sie über Ihre eigenen Grundbedürfnisse wissen und in Ihrer Sabbatical-Planung berücksichtigen, desto größer wird die Chance auf eine erfolgreiche Auszeit.

Bestimmen Sie Ihren Sabbatical-Typen

Sie finden in diesem Abschnitt einen Test, mit dem Sie herausfinden können, welcher Sabbatical-Typ Sie sind. Wir unterscheiden vier Typen: den Abenteurer, den Vorsichtigen und dazwischen zwei verschiedene Typen von Optimisten. Ein Optimist in diesem Test ist ein Charakter, der sich in einer Balance mit vielen Anteilen befindet. Wir haben einen Optimisten mit mehr Anteilen in Richtung Abenteurer und den anderen mit mehr Anteilen in Richtung vorsichtigem Sabbatical-Typ. Die Reinform eines Charaktertypus ist eher selten, meist mischen sich verschiedene Anteile in uns.

Für die Beantwortung der folgenden acht Fragen benötigen Sie nur wenige Minuten Zeit. Antworten Sie möglichst spontan. Kreuzen Sie Ihre Auswahl an. Im Anschluss finden Sie die Auswertung, bei der Sie nur noch die entsprechenden Punktzahlen addieren müssen, um Ihren Sabbatical-Typ herauszufinden.

Liegen Sie in einem Grenzbereich bei den Punktzahlen, lohnt sich der genauere Blick auf die einzelnen Fragen. Vielleicht gibt es Lebenssituationen, in denen Sie vorsichtiger sind oder im Gegenteil abenteuerlustiger.

Dieser Test gibt Denkanstöße und Impulse für Ihre Planungen, es ist kein Psychologietest nach strengen wissenschaftlichen Kriterien. Er stellt jedoch die Intensität von Ausprägungen fest, die den Sabbatical-Typen zugeordnet werden.

Passend zum Ergebnis bekommen Sie ein paar praktische Tipps, die bei der Realisierung Ihres Sabbaticals helfen sollen. Viel Spaß!

Der Sabbatical-Typen-Test

Beantworten Sie bitte die insgesamt acht Fragen, indem Sie bei den Antwortvarianten jeweils diejenige auswählen, die spontan am ehesten auf Sie zutrifft.

Frage 1: Wie sieht die perfekte Urlaubsplanung für Sie aus?	
Ich suche mir ein Urlaubsziel aus und einen zuverlässigen Reiseanbieter, der mir auch Spielraum für eigene Unternehmungen lässt, vielleicht für ein paar Strandtage.	A
Ich mache mir keine Gedanken, packe meine Sachen und fahre spontan los, egal ob mit dem Auto oder mit gepacktem Koffer Last Minute am Flughafen.	B
Ich plane meinen Urlaub sorgfältig und suche mir eine geführte Bildungsreise oder einen fertig organisierten Aufenthalt. Da bin ich sicher, dass an alles gedacht ist.	C
Ein Wunschurlaubsziel auszusuchen und unbekümmert loszufahren, ist mein Ding. Trotzdem mache ich mir ein paar Gedanken zu Impfungen, was ich erleben will und wie viel Geld ich brauche.	D

Frage 2: Sie werden gebeten, den 60. Geburtstag Ihrer Mutter zu organisieren. Ihr erster Gedanke:

Kein Problem, ich lade einfach die gesamte Familie und alle guten Freunde ein. Das läuft ganz von allein.	A
Oh, das erfordert Planung, das traue ich mir nicht allein zu. Es soll ja ein schöner Tag für sie werden.	B
Ich habe großen Respekt vor der Aufgabe und plane detailliert und mehrere Monate im Voraus.	C
Das ist schon eine Herausforderung, aber mit ein bisschen Planung und Vorlauf kriege ich das hin.	D

Frage 3: Wie oder in welcher Gesellschaft reisen Sie am liebsten?

Gesellschaft im Urlaub ist schön, ich kann aber auch gut allein sein. Unterwegs trifft man doch immer wieder spannende Menschen.	A
Allein zu reisen ist das Beste. Keiner mischt sich ein und ich entscheide, was ich wann mache.	B
Am liebsten reise ich mit vertrauten Menschen oder mit Partner. Da kann ich mir auch Momente für einen Rückzug nehmen.	C
Eine Begleitung im Urlaub ist mir sehr wichtig, eine Reisegruppe oder vertraute Menschen gehören für mich zu einem gelungenen Urlaub.	D

Frage 4: Wie sieht Ihr idealer Berufsalltag aus?

Ein geregelter Arbeitsplatz auf einer unbefristeten Stelle gibt mir Sicherheit. Am liebsten in einer vertrauten Firma.	A
Ideal sind wechselnde Stellen, ich brauche Abwechslung und nur genug Geld zum Leben, sodass viel freie Zeit für mich bleibt.	B
Am liebsten arbeite ich freiberuflich und verdiene so viel, wie es die Auftragslage gerade ergibt.	C
Ich arbeite gerne und viel. Eine 50 Stundenwoche ist keine Seltenheit. Dadurch kann ich Geld und Zeit ansparen für die Zukunft.	D

Frage 5: Stellen Sie sich vor: Sie kommen an Ihrem Reiseziel an und der bestellte Fahrdienst ist nicht da. Wie reagieren Sie?

Ich nehme es gelassen und suche im Internet nach möglichen Alternativen.	A
Es kann nicht immer alles glatt gehen, deshalb habe ich vorher schon recherchiert, welche Transportmöglichkeiten es als Alternative gibt. Es ist gut, einen Plan B zu haben.	B

Welcher Fahrdienst? Ich nehme immer die öffentlichen Verkehrs-mittel!	C
Vor so etwas graust mir. Die Nummer des Reiseleiters habe ich ge-speichert und rufe dort an. Die sollen das sofort regeln.	D

Frage 6: Wie haben Sie Ihre letzte große Anschaffung finanziert?

Ein Teil war gespart und der Rest über einen Kleinkredit finanziert.	A
Ich habe genug Geld angespart und konnte es unproblematisch fi-nanzieren.	B
Ich habe einen Kredit aufgenommen.	C
Freunde haben mir Geld geliehen.	D

Frage 7: Wie gut lief Ihre letzte Gehaltsverhandlung?

Sehr gut. Ich hatte Argumente parat und konnte meinen Chef über-zeugen.	A
Mir ist das Feilschen um Geld eher unangenehm. Das Gespräch mit meinem Vorgesetzten habe ich bisher gemieden.	B
Ich habe spontan die Gelegenheit nach meinem letzten Erfolg ge-nutzt. Man darf nur nicht tief stapeln, und es hat geklappt.	C
Nicht so gut. Meine Bitte wurde gleich zu Beginn des Gesprächs ab-gelehnt.	D

Frage 8: Welches kommt Ihrem Lebensmotto am nächsten?

Safety first.	A
Kommt Zeit, kommt Rat.	B
Gibt das Leben dir Zitronen, mach Limonade daraus.	C
Alles oder nichts.	D

Auswertung

Antwort	Frage 1	Frage 2	Frage 3	Frage 4	Frage 5	Frage 6	Frage 7	Frage 8
A	15	5	10	20	10	15	10	20
B	5	15	5	5	15	20	20	15
C	20	20	15	10	5	10	5	10
D	10	10	20	15	20	5	15	5

Tragen Sie hier Ihre Punktzahl ein

Frage 1	Frage 2	Frage 3	Frage 4	Frage 5	Frage 6	Frage 7	Frage 8	Summe: 1–8
15	5	15	20	15	20	15	10	115

Typen-Beschreibung und Tipps

140 bis 160 Punkte: Vorsichtiger Sabbatical-Typ
Der vorsichtige Sabbatical-Typ hat zwar großen Respekt vor Veränderungen, möchte seinen Traum von einer Auszeit aber gerne realisieren. Aus Angst vor beruflichen Nachteilen stellt das Gespräch mit seinem Vorgesetzten eine große Hürde für ihn dar. Er sorgt sich zudem, ob ihm die Zeit im Ausland allein nicht vielleicht zu einsam werden könnte. Auch bereiten ihm mögliche Probleme wie eine Erkrankung oder finanzielle Unwägbarkeiten während der Reise Kopfzerbrechen.

Hat der vorsichtige Typ die Entscheidung aber erst einmal getroffen, plant er sein Sabbatjahr strukturiert und mit großer Liebe zum Detail. Genau darin liegt seine Stärke. Bei dieser Planung bleibt nichts dem Zufall überlassen. Er denkt an alles: Er schließt rechtzeitig Versicherungen ab, bucht Flüge und Hotels bereits Monate im Voraus und versucht, durch eine klare Planung das Beste aus seiner Auszeit zu machen.

> **Tipp:** Seien Sie ruhig mutig! Auch beim Gespräch mit Ihrem Vorgesetzten. Denken Sie daran, dass Ihr Arbeitgeber einer gut begründeten Auszeit durchaus positiv gegenüberstehen kann.

Ihre Vorsicht ist dennoch eine Stärke, auf die Sie sich verlassen können. Sie hilft, grobe Fehler in der Planung zu vermeiden. Ihnen passiert es nicht, dass Sie in der Monsunzeit in einem Land ankommen, denn Sie haben sich vorher über das Klima informiert.

Suchen Sie sich Unterstützer, Menschen, die selbst schon mal eine Auszeit gemacht haben. Gute Vorbilder machen Mut.

Vorsichtigen Menschen hilft es, sich ein paar »Erste-Hilfe-Gedanken« zurechtzulegen, bevor sie die Reise antreten. Fragen Sie sich, wie Sie sich bei Heimweh, Überforderung oder einer Erkrankung helfen können und planen Sie Telefonate und Chats mit Familie und Freunden ein.

Wenn Sie sich allein unsicher fühlen, kann eine Reise zu zweit oder in der Gruppe eine Option sein. Mehr zu diesem Thema finden Sie im Kapitel 7 unter »Allein oder mit anderen reisen«.

Sollte es während Ihres Sabbaticals dennoch zu kleineren Rückschlägen kommen, versuchen Sie, gelassen damit umzugehen. Nicht alles lässt sich planen und die schönsten Erfahrungen resultieren manchmal gerade aus dem Unerwarteten.

105 bis 135 Punkte: Vorsichtig-optimistischer Sabbatical-Typ

Der vorsichtig-optimistische Sabbatical-Typ scheut weder das Sabbatjahr an sich noch das Gespräch mit seinem Vorgesetzten. Er hat gute Argumente vorbereitet und geht es energisch an, seinen Vorgesetzten zu überzeugen. Er ist sicher, dass er nach der Auszeit gestärkt in die Firma zurückkehren und motiviert weiterarbeiten wird.

Für eine Auszeit hat dieser Mensch mehr Ideen, als sich in einem Jahr realisieren ließen. Da fällt es ihm schwer, sich zu entscheiden, denn woher will er genau wissen, welche der vielen Möglichkeiten er auswählen sollte. Was, wenn er sich falsch entscheidet? Auch die Planung schreckt ihn ein wenig ab, denn er will das Beste aus der Zeit machen und nichts übersehen.

Die Stärke liegt in der Kombination dieser Qualitäten. Die eigenen Kräfte kann der vorsichtig-optimistische Typ gut einschätzen. Und er weiß um seine Stärken und Schwächen. Auf Reisen ist er grundsätzlich vorsichtig, jedoch ohne sich von diffusen Ängsten vor möglichen Gefahren hemmen zu lassen. Hat er sich für ein Ziel entschieden, klärt er alles ab, bis die Planung sicher steht.

> **Tipp:** Sie haben beste Voraussetzungen, um Ihr Sabbatjahr zu realisieren. Sie wissen, wie wichtig eine »selbstbestimmte« Zeit ist, um Lebensträume wahr werden zu lassen. Schieben Sie sie nicht bis zur Rente auf.

Fragen Sie sich, was Ihnen die Auszeit bringen soll. Was wünschen Sie sich selbst von diesem Sabbatical? Das zu wissen hilft, sollten Sie sich einmal schwach oder unsicher fühlen, und stärkt Sie, Ihr Ziel weiter zu verfolgen.

Stellen Sie sich auf Kulturschocks ein und nehmen Sie sich Zeit, sich in einem fremden Land einzuleben. Kulturelle Besonderheiten wie unzuverlässige Zugverbindungen, das Aushandeln von individuellen Preisen für Übernachtungen oder Taxifahrten sind ein Teil der neuen Erfahrungen.

Lassen Sie in Ihrer Planung Raum für Nichtstun und Unvorhergesehenes. Umwege führen manchmal zu ganz neuen Erfahrungen, die nicht immer schlecht sind.

65 bis 100 Punkte: Optimistisch-abenteuerlicher Sabbatical-Typ

Auch der optimistisch-abenteuerliche Sabbatical-Typ scheut weder das Sabbatjahr an sich noch das Gespräch mit seinem Vorgesetzten. Er hat Argumente vorbereitet und ist zuversichtlich, seinen Vorgesetzten zu überzeugen. Er ist sicher, dass er nach der Auszeit gestärkt in die Firma zurückkehren und motiviert weiterarbeiten wird.

Für eine Auszeit hat der Optimist mehr Ideen, als sich in einem Jahr realisieren ließen. Das Gefühl, etwas Besonderes oder Wichtiges zu verpassen, begleitet ihn. Deshalb es fällt ihm schwerer, sich auf wenige Unternehmungen zu konzentrieren.

Einzig die konkrete Planung schreckt ihn ein wenig ab, denn lieber würde er noch heute mit seinem Sabbatjahr beginnen, als Monate in die Vorbereitung zu investieren.

Die Stärken dieses Sabbatical-Typs: Auf Reisen ist er eher abenteuerlich und lässt sich nicht von diffusen Ängsten vor möglichen Gefahren hemmen. Er hat die Flexibilität sich auf Neues einzulassen und macht sich genug Gedanken im Vorfeld oder während des Sabbaticals, um grobe Fehler auszuschließen.

Tipp: Was Sie wollen, schaffen Sie auch. Fokussieren Sie sich auf die Dinge, die Sie im Sabbatical erreichen wollen. Das hilft, sich nicht von zu vielen Ideen ablenken zu lassen.

Wenn Sie sich jetzt noch motivieren können, sich rechtzeitig um die Planung Ihres Sabbatjahres zu kümmern, steht einer erfolgreichen Auszeit nichts mehr im Wege.

40 bis 60 Punkte: Abenteuerlicher Sabbatical-Typ
Der abenteuerliche Sabbatical-Typ weiß, dass das Leben kurz ist, und möchte keinen Tag verschwenden. Um seine Auszeit zu realisieren, macht er wenig Kompromisse. Sollte sein Vorgesetzter den Wunsch nach einem Sabbatjahr nicht unterstützen, ist auch die Kündigung eine Option. Während seiner Auszeit möchte der Abenteurer so viel wie möglich erleben, trotzdem plant er die Reise nur grob.

Dem Abenteuertyp ist Spontanität sehr wichtig. Mehr als den Hinflug oder ein Round-the-World-Ticket hat er nicht gebucht. Erst vor Ort überlegt er sich, wo er wohnt und wie die Reise weitergehen soll.

Seine Stärken sind das Improvisationstalent und das Selbstvertrauen. Oft hat er überall auf der Welt Freunde und Bekannte, bei denen er notfalls unterkommen kann. Er kann genügsam in seinen Ansprüchen sein und benötigt nicht viel Luxus.

> **Tipp:** Nehmen Sie im Vorfeld den Chef und die Kollegen ein Stück weit mit und zeigen Sie, dass Ihnen Ihr Arbeitgeber und Ihr Arbeitsplatz wichtig sind. Nach Ende des Sabbatjahres freuen Sie sich vielleicht doch, wenn Ihr alter Job auf Sie wartet und Sie wieder gut mit den Kollegen zusammenarbeiten können.

Fragen Sie sich, was Ihnen die Auszeit bringen soll. Das hilft, den Focus bei der Planung zu behalten. Überlegen Sie, was zum eigenen »Sicherheitsnetz« gehört wie beispielsweise eine Auslandskrankenversicherung oder auch, wen Sie im Notfall um Hilfe bitten können. Das kann während der Reise Ärger und Zeit ersparen.

Ein wenig Planung im Vorfeld hilft außerdem dabei, dass Sie die Ihnen zur Verfügung stehende Zeit auch wirklich voll ausschöpfen und am Ende des Sabbatjahres das erlebt haben, was Sie sich vorgenommen haben.

So finden Sie Ideen für Ihre Auszeit

Müssen wir unbedingt reif für ein Sabbatical sein – im Sinne von erschöpft –, um es wirklich in Angriff zu nehmen? Nein, wir dürfen es uns auch einfach nur wünschen – und unseren Wunsch dann in die Tat umsetzen. Wenn wir uns das erlauben, kommt die spannendste Frage überhaupt: Was tun im Sabbatical? Denn eines kann ich Ihnen mit Gewissheit sagen: Ohne ein Ziel hat ein Sabbatical keine wirkliche Kraft. Ihr Ziel ist die Quelle, aus der Sie Mut und Kraft schöpfen.

Manchmal ist es nicht so leicht bei so vielen Ideen und Wünschen genau die Ziele zu finden, die jetzt für Sie richtig sind. Sind Sie bei den Fragen am Anfang dieses Kapitels (»Reif fürs Sabbatical?«) schon auf Antworten oder Ideen gestoßen, die Sie gerne umsetzen möchten? Oder brauchen Sie noch Inspirationen, um Ihre persönlichen Antworten zu finden?

Ich möchte Ihnen nun zwei Möglichkeiten vorstellen, um Ihre Ziele zu finden: die Zwei-Minuten-Übung und die Löffelliste.

Zwei-Minuten-Übung

Wie der Name es schon sagt, brauchen Sie nur zwei Minuten Zeit für diese Übung. Legen Sie Ihr Sabbatical-Notizbuch oder einfach Papier und Stift bereit und lassen Sie sich für die kurze Zeit bitte nicht stören. Wenn Ihnen ruhige Musik hilft, sich zu entspannen, stellen Sie sich Musik dazu an. Schaffen Sie sich einfach den Rahmen, der Ihnen guttut.

Es geht nun um die Frage: Was will ich wirklich? Lehnen Sie sich bitte ganz entspannt zurück, atmen Sie ein paar Mal tief durch und stellen Sie sich Folgendes vor:

Es ist Montagmorgen. Sie schlagen die Augen auf und vor Ihnen liegen sechs Monate freie Zeit. Kein Chef, kein Job und keine Kollegen erwarten Sie. Die Zeit, die vor Ihnen liegt, ist ohne äußere Verpflichtungen – und alles ist finanziell abgesichert!

Welchen persönlichen Traum würden Sie gerne verwirklichen? Wohin zieht Sie Ihre Sehnsucht? Vielleicht gehen Sie gedanklich zurück in Ihre Jugend, Sie sind ungefähr zwanzig Jahre alt. Was war mit zwanzig Ihr größter Jugendtraum, was wollten Sie in ihrem Leben unbedingt machen?

Welche Bilder, welche Ideen auch kommen, stellen Sie sich alles so bunt und so lebendig vor, wie es geht. Wollen Sie mit dem Motorrad über die Anden fahren, dann fühlen Sie den Wind, der Ihnen ins Gesicht bläst. Wollen Sie eine Weile am Meer leben, hören Sie das Geschrei von Möwen oder das Tuckern eines Schiffes. Sie wollten schon lange ein Buch schreiben, dann sehen Sie es richtig vor sich. Wo schreiben Sie? Sitzen Sie an Ihrem Schreibtisch zu Hause oder mit dem Laptop auf den Beinen auf einem Holzsteg am See, vielleicht wollten Sie eine Recherche in einer anderen Stadt machen und sehen sich in Gedanken in alten Archiven stöbern.

Je emotionaler und reichhaltiger das Bild ist, dass Sie sich von Ihrem Traum machen, desto wahrscheinlicher ist eine entsprechende Umsetzung, denn unser Unterbewusstsein ist ein toller Verstärker.

Lassen Sie sich überraschen, welche Bilder vor Ihrem inneren Auge auftauchen. Und achten Sie darauf, was Sie bei Ihren Wünschen fühlen: Freude? Erleichterung? Oder Beklemmung? Alle Gefühle leiten Sie weiter zu den Wünschen, zu dem, was gerade jetzt für Sie richtig ist.

Nehmen Sie sich zwei Minuten Zeit und schreiben Sie sich fünf Begriffe auf, die Ihnen spontan einfallen. Was war Ihr größter Wunsch? Denken Sie nochmal an das Bild vom Montagmorgen und lassen Sie sich nicht von vernünftigen Gedanken ausbremsen, weder von Gedanken an Geld noch von anderen Bedenken.

Freuen Sie sich über die Bilder, nur erzwingen Sie nichts. Es ist ein Prozess, der jetzt gestartet wird. Vielleicht haben Sie noch nicht sehr oft über Ihre Wünsche und Sehnsüchte nachgedacht. Dann kann es sich ungewohnt anfühlen.

Machen Sie diese Übung zu Hause ruhig ein, zwei, drei Mal, manchmal braucht man mehrere Anläufe, bis das Bild deutlicher wird.

Ihre Notizen zur Zwei-Minuten-Übung:

1. _____
2. _____
3. _____
4. _____
5. _____

Löffelliste

Ein anderer toller Weg, Ihren Sehnsüchten und Träumen auf die Spur zu kommen, ist die Löffelliste. Wer von Ihnen den Film *Das Beste kommt zum Schluss* mit Jack Nicholson und Norman Freeman gesehen hat, kennt eine solche Liste.

Die Löffelliste umfasst die zehn Dinge, die man selbst in diesem Leben gerne machen möchte, bevor man den Löffel abgibt. Wenn ich mich beispielsweise nie getraut hätte, mit dem Motorrad bis ans Nordkap zu fahren, dann hätte ich etwas ganz Wichtiges für mich im Leben verpasst. Ich bin – es ist schon eine Weile her, genau gesagt, zwanzig Jahre – mit meinem Bruder, jeder auf einer Reiseenduro, einer Honda Transalp, über Finnland, den Inarisee bis ans Nordkap gefahren und über Norwegen wieder zurück. Es war ein grandioses Gefühl: Ich spürte die Weite der Landschaft und die Freiheit, genau das zu tun, was ich wollte. Und ich kann Ihnen sagen, diese Tour hat mir ordentlich Selbstvertrauen geschenkt.

Auf Ihrer persönlichen Löffelliste sollten die zehn Dinge stehen, die Ihnen persönlich so wichtig sind und die Sie in diesem Leben brennend gerne machen möchten. Erinnern Sie sich an alte Träume, an das, was Sie als Kind immer mal werden wollten.

Wollten Sie früher ein berühmter Saxophonspieler werden oder Lokführer, oder wollten Sie ein soziales Projekt in Indien unterstützen? Vielleicht wollten Sie auf einem Hausboot leben?

Es geht hier und jetzt darum, aus unseren alten Träumen die Essenz herauszufiltern und unserem Leben tatsächlich hinzuzufügen, um es mit diesen wichtigen Puzzleteilen zu vervollständigen. Holen Sie sich diese Teile wieder in Ihr Leben.

Sie können auf die Löffelliste natürlich auch Dinge schreiben, die Ihnen jetzt wichtig sind. Vielleicht geht es um einen persönlichen Erfolg, wie den Halbmarathon in Berlin mitzulaufen, oder den Wunsch, einen Studienabschluss nachzuholen und das in Ihrem Lieblingsland.

Jack Nicholson wollte die schönste Frau der Welt küssen. Am Ende des Films war die schönste Frau seine Enkelin. Was sind Ihre Wünsche?

Hier ist Platz für Ihre Löffelliste:

1. _____
2. _____
3. _____
4. _____
5. _____
6. _____
7. _____
8. _____
9. _____
10. _____

Ideen und Anregungen fürs Sabbatical

In diesem Abschnitt möchte ich Ihnen ein paar Ideen vorstellen, was in einem Sabbatical alles möglich ist. Sie können sich von den Ideen anregen lassen und sie an Ihre Bedürfnisse anpassen. Wer sagt denn, dass ein Sprachkurs nicht mit dem Jakobsweg vereinbar ist oder ein Yogakurs nicht mit der beruflichen Fortbildung? Wichtig ist, was Ihnen guttut. Für eine berufliche Fortbildung oder ein Auslandsstudium werden Sie sich an Studienorten oder Terminen für eine Weiterbildung orientieren und haben dadurch bereits Ankerpunkte für Ihre Planung.

Weltreise

Den unangefochtenen Platz Nummer 1 auf der Hitliste für ein Sabbatical hat das Reisen. Über 50 Prozent der Menschen möchten einmal in ihrem Leben eine große Reise machen. Wann sonst, wenn nicht in einem Sabbatical hat man die Möglichkeit, Wochen oder sogar Monate am Stück die Welt zu sehen und verschiedene Länder zu bereisen?

Die Wünsche reichen von der Reise rund um die Welt über die Fahrt mit der Transsibirischen Eisenbahn, die Motorradtour von Alaska bis Feuerland, zu Fuß oder mit dem Pferd das Mittelmeer umrunden oder mit dem Segelboot bis in die Tasmanische See vorstoßen.

Dieser große Traum kann für Sie erreichbar werden, wenn Sie den Mut haben, sich konkret dafür zu entscheiden. Ängstliche Freunde und Bedenkenträger gibt es genug und genauso viele rationale Gründe, die gegen eine große Reise sprechen.

Doch manchmal reicht ein einziger guter Grund, um Ja zu einer Reise und zu sich selbst zu sagen. Die wichtigsten Gründe für eine große Reise sind:

- Endlich haben Sie die Zeit das zu tun, was Sie schon immer tun wollten und was Sie bisher in Gedanken bis zur Rente verschoben haben.
- Sie können eine Zeit lang Ihr eigener Chef sein und haben keine äußeren Taktgeber mehr.
- Es gibt keinen Stress mehr, keine Verpflichtungen – dafür Freiheit pur.
- Die To-do-Liste kann zu Hause bleiben, jetzt geht es um die Löffelliste Ihres Lebens.
- Unterwegs ist jeder Moment etwas Besonderes, genießen Sie die schönen Dinge des Lebens. Enddecken Sie traumhafte Landschaften und freuen Sie sich über neue Bekanntschaften und andere Kulturen. Was sonst kann unser Leben so bereichern?

Was ist Ihr persönlicher Grund für eine große Reise?
Ich möchte endlich _____

Alles über die Planung einer solchen Auszeit erfahren Sie im Kapitel 7. »Interessante Webseiten« und inspirierende Büchertipps finden Sie thematisch zugeordnet in den jeweiligen Kapiteln.

Work and Travel

Das Motto von Work and Travel ist: Arbeite, um zu reisen und Urlaub zu machen. Das Konzept ist speziell für jüngere Leute gemacht, die nach dem Abitur, nach einer Berufsausbildung oder dem Studium eine Weile ins Ausland gehen wollen.

Beliebte Ziele sind Australien, Neuseeland, Kanada und Japan. Für diese Länder gibt es dafür ein spezielles Visum: das Working-Holiday-

Visum. Es gilt maximal ein Jahr und es gibt eine wichtige Altersgrenze. Für den Erhalt des Working-Holiday-Visums dürfen Sie nicht älter als 35 Jahre alt sein.

Das Prinzip ist einfach: Sie reisen durch ein fremdes Land und finanzieren sich das Leben vor Ort mit wechselnden Gelegenheitsjobs. Work and Travel kann je nach Wunsch einige Wochen, mehrere Monate und maximal ein ganzes Jahr dauern. Die klassischen Work-and-Travel-Jobs finden sich auf Farmen, in der Gastronomie, der Hotellerie und im Tourismus, in Büros und als Straßenkünstler. Das ist das Wunderbare an dieser Art zu reisen. Beim Arbeiten stehen Ihnen alle Möglichkeiten offen, für die Sie sich qualifiziert fühlen. Und Sie können an den Orten bleiben, an denen Sie sich wohl fühlen und die Arbeitsmöglichkeiten bieten. Außerdem sparen Sie Geld für Unterkunft und Verpflegung und entlasten Ihre Reisekasse.

Im Internet gibt es viele Anbieter, die sich auf einzelne Länder spezialisiert haben und viele Tipps zur Vorbereitung geben. Als Einstieg kann ich Ihnen zwei Seiten empfehlen: www.work-and-travel-weltweit.de und www.auslandsjob.de.

Freiwilligenarbeit – Volunteering im Ausland

Nur ein Tourist zu sein, reicht vielen Menschen nicht mehr. Freiwilligenarbeit im Ausland ist etwas für Menschen, die sich in einem Volontär-Projekt engagieren wollen. Als Voraussetzung sollten Sie Sprachkenntnisse in der Landessprache oder in Englisch mitbringen. Sie sammeln Auslands- und Arbeitserfahrung, verbessern Ihre Fremdsprachenkenntnisse und leisten gleichzeitig einen wichtigen Beitrag für Menschen, Natur oder Tiere im Land Ihrer Wahl. Für die Teilnahme an einem Freiwilligenarbeit-Projekt muss man in der Regel mindestens 18 Jahre alt sein. Die Dauer für Freiwilligenarbeit-Programme liegt zwischen zwei Wochen und mehreren Monaten. Es ist also ideal als längerfristiger sozialer Auslandsaufenthalt während des Sabbaticals. Bei vielen Programmen haben Sie die Möglichkeit, vorab oder begleitend einen Sprachkurs zu belegen und die Kenntnisse in der Landessprache zu verbessern.

Mehr Informationen zu Freiwilligenarbeit-Projekten finden Sie auf www.freiwilligenarbeit.de.

Social Sabbatical

In der Freiwilligenarbeit sprechen wir vom Social Sabbatical, wenn es um das Engagement in einem sozialen Projekt geht. Das kann im Ausland sein oder in Ihrem eigenen Umfeld. Es bietet die Chance, sich gesellschaftlich einzubringen und da zu helfen, wo es notwendig ist.

Als soziales Engagement versteht man jegliches soziale Handeln auf freiwilliger Basis. Das kann Hilfe in sozialen Einrichtungen und bei sozialen Projekten sein, es geht vom Tier- über den Menschenrechtsschutz bis hin zur Umwelthilfe und der Unterstützung karitativer Organisationen.

Es gibt die verschiedensten Arten von Projekten, die es ermöglichen, Ihre Auszeit genau so zu gestalten, wie es Ihren individuellen Wünschen entspricht. Dazu zählen:

- Tier- und Umweltschutz,
- Sprachunterricht,
- Medizinische Hilfe,
- Streetwork,
- Kinderbetreuung und Altenpflege,
- Farmarbeit,
- Bauarbeiten.

Als Einstiegsadresse ist das *Bundesministerium für wirtschaftliche Zusammenarbeit und Entwicklung gut* geeignet: http://www.bmz.de/de/mitmachen/index.html. Starten Sie Ihre Suche im Internet entweder gezielt nach den Ländern, die Sie besonders interessieren, oder mit den Qualifikationen, die Sie gerne in ein Projekt einbringen möchten.

Die Organisation *Manatapu* ist spezialisiert auf Lateinamerika. Informationen hierzu finden Sie unter www.manatapu.de.

Manager für Menschen vermittelt Fach- und Führungskräfte als Berater auf Zeit in soziale Projekte in Afrika, Asien und Lateinamerika. Informationen dazu liefert die Website www.managerfuermenschen.com.

Rainbow Garden Village bietet Freiwilligenarbeit, Auslandspraktika und mehr für Afrika und Asien unter www.rainbowgardenvillage.com. Über Freiwilligenarbeit-Projekte können Sie sich auf www.freiwilligenarbeit.de informieren.

Ärzte ohne Grenzen leisten medizinische Nothilfe für Opfer von Kriegen und mehr. Ihre Internetseite finden Sie unter www.aerzteohne-grenzen.de.

Au-pair, Demi-pair und Granny Aupair

Eine Zeit lang als Au-pair zu arbeiten, ist wohl eine der intensivsten Möglichkeiten, Kontakt zu Familien im Ausland aufzubauen. Von Demi-pair spricht man, wenn der Aufenthalt mit einem Sprachkurs verknüpft ist. Meist sind es vor allem junge Menschen, die sich vor dem Einstieg ins Berufsleben den Aufenthalt im Ausland auf diese Weise ermöglichen.

Als Au-pair können Sie das Leben vor Ort hautnah kennenlernen, sich um die Kinder der Gastfamilie kümmern und eine Sprachschule besuchen, um Ihre Sprachkenntnisse aufzubessern. Sie übernehmen Aufgaben wie die Kinderbetreuung und leichte Hausarbeiten, bringen die Kinder zur Schule, bereiten kleine Mahlzeiten zu und spielen mit den Kindern.

Inzwischen möchten auch ältere Menschen quasi in der Rolle der Großeltern als Au-pair arbeiten. So entstand Granny Aupair für Menschen ab 50.

Informationen und Programme zu Au-pair und Demi-pair im Ausland finden Sie unter www.aupair.com.

Zum Thema Leihgroßeltern im Ausland können Sie auf www.granny-aupair.com recherchieren.

Sommer auf der Alm

Ein paar Monate im Sommer auf einer Alm verbringen, mit grandioser Aussicht auf die Berge, in frischer Luft und tief in eine andere Welt eintauchen. Diese Möglichkeit finden inzwischen viele Städter auf einem der vielen Höfe in Österreich, der Schweiz oder Italien. Die meisten Bauernhöfe sind Selbstversorger, und so gibt es eine große Nachfrage für Helfer bei der Obst- und Gemüseernte sowie bei der Herstellung ökologischer Produkte wie Ziegen- oder Schafskäse. Viele Bauern brauchen zudem Hilfe bei Reparaturarbeiten auf dem Hof, und Weingüter suchen Helfer für die Weinlese. Aber auch Höfe mit Tierzucht benötigen Unterstützung bei den täglichen Arbeiten wie Hühner füttern, Kühe melken, Schafe hüten oder Pferde versorgen.

Das Angebot ist groß, vergleichsweise einfach zu finden und auf die eigenen Bedürfnisse und Vorkenntnisse abzustimmen. Erster Ansprechpartner für viele freiwillige Helfer in der Landwirtschaft, die gerne auch noch ein bisschen Urlaub machen möchten, sind die WWOOF Organisationen in Deutschland, Österreich, der Schweiz und Italien. WWOOF steht für World-Wide Opportunities on Organic Farms. Die Länderorganisationen sind Anlaufpunkt für Bauernhöfe in der Region, die sich freiwillige Helfer wünschen, und für Menschen jeden Alters und unterschiedlichster Vorbildung, die gerne eine Zeit als Helfer auf einem Bauernhof verbringen möchten.

Die WWOOF-Organisationen erstellen jährlich Hoflisten, die gegen eine Gebühr erhältlich sind. Interessenten können der Liste genaue Angaben über die einzelnen Höfe entnehmen: eine Vorstellung des Hofes, welche Art von Unterbringung und Verpflegung, wie lange die Aufenthaltsdauer möglich ist, welche Aufgabengebiete für den Helfer geplant sind, die tägliche Arbeitszeit, die sich die Hofeigentümer vorstellen, und Freizeitmöglichkeiten auf dem Hof und in der Nähe.

Die Höfe sind selbst für den Eintrag in der Liste verantwortlich. Als Interessent nimmt man telefonisch/schriftlich/per E-Mail Kontakt zu einem Hof auf, erkundigt sich, ob in der gewünschten Zeit noch Bedarf besteht und klärt die eigenen Erwartungen mit denen der Familie auf dem Hof ab. Alle Vereinbarungen werden direkt zwischen Helfer und Hofeigentümer getroffen. Informationen bekommen Sie unter www.wwoof.net oder www.farmarbeit.de.

WWOOF – weltweit auf ökologischen Farmen arbeiten

Das weltweite Netzwerk WWOOF bringt Menschen zusammenbringt, die einen naturverbundenen Lebensstil auf dem Land führen oder aktiv kennen lernen wollen. Leitgedanken dieses Netzwerkes sind:

- Den Austausch zwischen Stadt- und Landbevölkerung beziehungsweise Konsumenten und Produzenten ermöglichen,
- Freiwilligen Helfern Erfahrungen und Wissen über ökologische Landwirtschaft aus erster Hand vermitteln und
- einen naturverbundenen, umweltschonenden Lebensstil vorleben.

Freiwillige Helfer, auch Wwoofer genannt, helfen auf Biohöfen oder Selbstversorgerhöfen mit und sind in den Alltag auf einem Hof eingebunden. Zwischen Wwoofern und Hofbesitzern besteht ein Gastverhältnis, und es findet ein geldloser Austausch statt – Kost und Logis gegen die freiwillige Mitarbeit. Eine Mitarbeit kann von einer Woche bis zu mehreren Monaten dauern und wird individuell zwischen den Hofbesitzern und den Wwoofern geregelt.

Weltweit nehmen mehr als 6 000 ökologische Bauernhöfe in 100 Ländern am Programm teil. Derzeit haben 60 Länder eine nationale WWOOF Organisation, darunter auch Deutschland. Von Portugal über Nigeria, die USA oder Venezuela bis Neuseeland und mehr finden Sie Ranches und Höfe auf www.wwoof.net, der Homepage für die Internationale Organisation. In Deutschland nehmen über 500 Höfe teil.

Im Gegensatz zu Work and Travel gibt es hier keine Altersbegrenzungen. Mehr Informationen dazu unter: www.wwoof.de (Stand: Dezember 2018).

Kloster auf Zeit

Entschleunigung, Zen-Meditation oder Heilfasten – ein Aufenthalt im Kloster ist eine spirituelle Erfahrung, nach der sich viele Menschen sehnen. Eine Auszeit im Kloster zu nehmen, ist eine alte Tradition. Es bedeutet eine Zeit der Stille, der Besinnung auf ein einfaches, bodenständiges Leben und Zugang zu den großen Lebensfragen.

Viele Klöster sehen sich als Ort der Einkehr und Selbstbesinnung für Körper, Geist und Seele und sind bereit, Menschen für eine begrenzte Zeit aufzunehmen. Die Angebote beginnen meist mit ein paar Schnuppertagen, einem verlängerten Wochenende oder einer Woche. Gerade für einen ersten Aufenthalt im Kloster hat sich eine kürzere Dauer bewährt. Sie können feststellen, ob diese Art von Auszeit etwas für Sie ist. Gäste für längere Auszeiten werden meist nur nach Absprache aufgenommen.

Die Klostergäste können entspannen und kommen zur Ruhe. Durch die begrenzte Zeit im Kloster fällt es vielen Menschen leichter, sich auf die Stille und den ungewohnten Klosteralltag einzulassen. Viele Menschen berichten, dass sie mit neuen Ideen ins »normale Leben« zurückkamen.

Klöster nehmen Gäste meist ganzjährig nach Vereinbarung auf und begrenzen die Zahl, damit der Klosteralltag geschützt bleibt. Für Klöster kann die Aufnahme von zahlenden Gästen eine finanzielle Bereicherung zur Erhaltung der Ordensgemeinschaft sein.

Im Internet finden Sie mit den Suchbegriffen »Kloster auf Zeit« und »Schweigekloster« ein immenses Angebot. Als Einstiegsseiten sind www.kloster-auf-zeit.de und www.orden.de geeignet.

Pilgerwege

Spätestens seit Hape Kerkelings Buch *Ich bin dann mal weg* sind Pilgerwege wieder ins Blickfeld gerückt. Der Jakobsweg ist vermutlich der berühmteste Pilgerweg und mittlerweile vermutlich auch der überfüllteste.

Die Pilgerwege waren schon immer für Menschen eine Wegstrecke, auf der innere Ruhe und neue Lebenskraft zu finden waren. Dabei war nicht der Ort am Ende des Pilgerpfads das eigentliche Ziel, sondern vielmehr der Weg dorthin. Es gibt auch in Deutschland viele Pilgerziele, die von besonderem Reiz sind. Pilgerreisen sind deshalb nicht nur etwas für gläubige Menschen, sondern auch für Wanderfreunde.

Sie können sich kleine überschaubare Etappen aussuchen oder komplette Pilgerwege auswählen. Vielleicht steht Ihnen der Sinn nach einer Pilgerstrecke von Kloster zu Kloster und Sie verbinden das Pilgern mit einem Aufenthalt im Kloster.

Auf www.wanderkompass.de finden Sie Pilgerwege in Deutschland mit Informationen zur Strecke, Kartenmaterial, Höhenprofil und Tipps für Unterkünfte.

Sabbatical zu Hause

Nicht jeden zieht es in einem Sabbatical in die Ferne. Eine Auszeit in der eigenen Wohnung oder dem eigenen Häuschen und Garten zu verbringen und endlich Zeit für die Interessen und Aktivitäten zu haben, die im Alltag auf der Strecke bleiben, ist für viele Menschen ein erstrebenswertes Ziel.

Ein großer Vorteil ist, dass Sie über die laufenden Kosten für drei oder sechs Monate Auszeit natürlich gut Bescheid wissen und sie kalkulieren können. Außerdem erfordert es keine aufwändige Planung. Ganz im Gegenteil, Sie können eine Zeit unbeschwert genießen und je nach Stimmung und Neigung genau das tun, wonach Ihnen der Sinn steht: Eine Einladung zu Freunden annehmen, die Sie schon lange nicht mehr gesehen haben, einen Yogakurs belegen oder morgens im kleinen Café an der Ecke frühstücken und die Zeitung lesen.

Eine Gefahr bei dieser Art der Auszeit kann genau darin liegen, keine Pläne zu haben und nach ein paar Monaten festzustellen: Die Auszeit ist vorbei und Sie haben nicht das Gefühl, etwas Besonderes für sich getan oder erlebt zu haben.

Mir hat ein Rückkehrer berichtet, dass er bewusst keine festen Pläne machen wollte und die Zeit nutzte, um viele Freunde zu besuchen. Der Rest würde sich schon ergeben, meinte er. Sein Fazit nach vier Monaten war, dass er schöne Zeiten mit Freunden verbracht hatte. Nur um sich selbst und seine Wünsche hatte er sich nicht gekümmert. Durch die Betriebsamkeit, quer durch Deutschland zu reisen und Freunde zu besuchen, hatte er nicht auf sich selbst geachtet und war enttäuscht, die Zeit nicht für seine Bedürfnisse genutzt zu haben.

Wenn Sie also Ihre Auszeit zu Hause verbringen wollen, machen Sie sich Gedanken, was Sie sich davon erhoffen, und strukturieren Sie sich Ihre Zeit. Wie wäre es beispielsweise mit einem ehrenamtlichen Engagement? Möglichkeiten gibt es hier zahlreiche. Vielleicht ist bei den folgenden Ideen etwas dabei, worüber Sie schon mal nachgedacht haben:

- Helfen Sie ehrenamtlich bei einer Tafel aus.
- Engagieren Sie sich in der Kinder- oder Seniorenarbeit.
- Werden Sie Lesepate.
- Unterstützen Sie die Flüchtlingshilfe in Ihrer Heimatstadt.

- Werden Sie in einem Sportverein tätig.
- Leisten Sie Freiwilligenarbeit für Obdachlose.
- Unterstützen Sie Menschen mit Behinderung.
- Werden Sie Clown im Krankenhaus oder Pflegeheim.
- Gehen Sie mit Hunden aus dem Tierheim spazieren.

Welches Projekt gibt es, das Sie gerne unterstützen möchten? Lassen Sie sich auf der Internetseite Gute-Tat.de anregen. Dort finden Sie für die Städte Berlin, Hamburg und München viele Projekte, bei denen Sie sich engagieren können.

Natürlich eignet sich ein Sabbatical auch hervorragend dafür, ein eigenes Projekt zu starten. Was haben Sie vor, das im trubeligen Alltag bisher nicht umsetzbar erschien?

Selbstreflexion: Eine Auszeit ist immer eine Möglichkeit, die eigenen Fähigkeiten und Stärken zu reflektieren und innezuhalten und eine Standortbestimmung vorzunehmen. Was habe ich bisher erreicht? Bin ich in meinem Beruf noch zufrieden? Will ich etwas ändern? Wohin soll es in den nächsten Jahren gehen?

Selbstständigkeit: Möglicherweise stellt sich bei der Selbstreflexion heraus, dass Ihr aktueller Job Sie nicht mehr erfüllt und Sie sich gerne selbstständig machen möchten. Oder als zweites Standbein eine selbstständige Nebentätigkeit beginnen wollen. Vielleicht haben Sie schon eine gute Idee, doch neben der Arbeit kaum Zeit für die Umsetzung. Dann können Sie ein Sabbatical nutzen, um Ihren Traum von der Selbstständigkeit zu erfüllen. Als eine der wichtigsten Voraussetzungen wird der Businessplan bewertet und eine gute Geschäftsidee. Gründerportale beraten und unterstützen Sie dabei, beispielsweise: www.fuer-gruender.de.

Buchprojekt: Vielleicht schlummert schon lange die Idee in Ihnen, ein Buch zu schreiben. Aber bisher sind Sie nie dazu gekommen, dieses Vorhaben in die Tat umzusetzen. Für ein derartiges Projekt ist eine Auszeit hervorragend geeignet.

Gartenprojekt: Wer einen Garten hat, weiß aus Erfahrung, dass die Gestaltung und Planung viel Zeit benötigt, die im Alltag meist nicht zur Verfügung steht. Und der Genuss, unterm Apfelbaum ein Nickerchen zu halten oder mit einem Buch in der Hängematte zu liegen, kommt meistens zu kurz. Eine Auszeit ist eine wunderbare Gelegenheit für einen Sommer oder länger dieser Lieblingsbeschäftigung den Raum zu geben, den Sie sich dafür wünschen.

Gesundheit: Eine Auszeit zu Hause kann die Gelegenheit sein, sich mehr um seine Fitness und Gesundheit zu kümmern. Im Berufsalltag können wir es oft nicht umsetzen, uns lecker und gesund zu ernähren und haben nicht die Energie, uns nach einem langen Tag im Büro noch zum Yogakurs oder auch nur zum Rückentraining aufzuraffen. Ein Sabbatical ist die ideale Zeit dafür.

> **Tipp:** Überlegen Sie, was Sie für Ihre Gesundheit aktiv tun wollen, und formulieren Sie für sich ein konkretes Ziel. Ein Ziel sollte SMART formuliert werden, damit es auch Kraft hat. Wie Ihre Ziele SMART werden, erfahren Sie im Abschnitt »Ist Ihr Ziel SMART?« am Ende dieses Kapitels.

Machen Sie Ihre Auszeit zu Hause zu einem Projekt.

Mein persönliches Projekt ist:

_____

_____

Farm und Ranch

Wenn Sie im Ausland in der Landwirtschaft arbeiten möchten, um dem hiesigen Alltag zu entfliehen, gibt es dafür viele Möglichkeiten: Arbeit auf einer Farm oder Ranch, WWOOF, also Freiwilligenarbeit auf Biohöfen, und noch viel mehr. Helfen Sie zum Beispiel den Cowboys auf einer Pferderanch in den USA, hüten Sie Rinder mit den Gauchos in Argentinien oder scheren Sie Schafe in Irland. Während einer solchen Auszeit leben Sie in der Regel als eine Art Familienmitglied auf dem jeweiligen Hof. Sie helfen bei den täglich anfallenden Arbeiten und betreuen die Tiere, sind also mittendrin im Farm- oder Ranchleben.

Farm- und Rancharbeit ist in vielen Ländern möglich: Die USA und Kanada sind Klassiker, aber auch Australien, Irland, Norwegen und viele Länder Lateinamerikas sind in Sachen Farmarbeit sehr beliebt. Ein Auslandsaufenthalt dieser Art kann ein paar Wochen, aber auch mehrere Monate dauern. Für die Teilnahme muss man in der Regel mindestens 18 Jahre alt sein und erste Fremdsprachenkenntnisse haben. Häufig sind Sprachkurse Bestandteil der Programme.

Informationen finden Sie unter www.farmarbeit.de. Farmarbeit.de ist ein Zusammenschluss verschiedener Fachportale rund ums Thema »Auslandsaufenthalt«.

Working Holidays mit Pferden

Wenn Pferde Ihr Hobby sind, wäre vielleicht ein Auslandsaufenthalt etwas für Sie, bei dem Sie auf einer Pferdefarm oder Pferderanch leben und arbeiten. Es ist eine großartige Möglichkeit, den Alltag eines Pferdebetriebs im Ausland intensiv kennenzulernen. Beliebteste Reiseziele sind die USA, Kanada und Neuseeland mit ihren großen Pferderanches. Aber auch viele andere Länder weltweit bieten derartige Möglichkeiten.

Entweder wenden Sie sich persönlich an eine Farm, eine Ranch oder einen sonstigen Pferdebetrieb im Ausland. Oder Sie buchen bei einem Veranstalter ein Programm. Solche Programme laufen unter den Namen »Working Holidays mit Pferden«, aber auch »Farmarbeit«, »Farmstay«, »Rancharbeit« und »Ranchstay«. Die Veranstalter der Programme vermitteln Sie auf einen Pferdebetrieb und übernehmen die gesamte bürokratische Arbeit. Häufig ist ein Sprachkurs Bestandteil von Horse Holidays.

Informationen und Programme zu Working Holidays mit Pferden finden Sie unter www.auslandszeit.de.

Auslandspraktikum – Berufserfahrungen im Ausland sammeln

Wenn Sie es sich zum Ziel gesetzt haben, im Sabbatical im Ausland zu arbeiten und dabei vielleicht einen ganz neuen Berufszweig zu entdecken, dann kommt ein Auslandspraktikum in Frage. Die vielen Vorteile für Ihren Berufsweg und auch für Sie persönlich sind:

- Sie schnuppern in das Arbeitsleben im Ausland hinein und bekommen einen Eindruck von der Unternehmenskultur.
- Sie verschaffen sich erweiterte Fremdsprachenkenntnisse und damit eine zusätzliche Qualifikation.
- Sie können wertvolle berufliche Kontakte und Netzwerke aufbauen.
- Außerdem sammeln Sie Auslandserfahrungen und Arbeitserfahrungen.

Ein Auslandspraktikum können Sie weltweit machen und sich direkt bei den Unternehmen bewerben, für die Sie sich interessieren. Startup-Unternehmen in Deutschland, aber auch in Asien oder Osteuropa suchen nicht nur Mitarbeiter, sondern auch Praktikanten.

Zudem bieten viele seriöse Organisationen Vermittlungen von Praktika an, bei denen Sie gezielt nach Ländern und Branchen suchen können.

Informationen und Programme zu Praktika im Ausland gibt es unter www.auslandszeit.de/auslandspraktikum.html und unter www.startupsucht.com

Studienreisen

Studien-, Kultur- oder Bildungsreise sind etwas für kurze überschaubare Zeiträume von wenigen Tagen bis zu zwei Wochen. Sie können ein Einstieg in geschütztem Rahmen in ein fremdes Land sein oder eine willkommene Abwechslung innerhalb einer Auszeit.

Es gibt Städte- und Rundreisen, Ausstellungsreisen, archäologische Reisen, Wanderstudienreisen und vieles mehr.

Lassen Sie sich inspirieren auf www.Bildungsreise.org

Sprachreisen

Sprachen lernen sich am leichtesten dort, wo sie gesprochen werden. Sprachreisen und -schulen gibt es weltweit, egal ob Sie Englisch auf Malta lernen wollen, Spanisch in Costa Rica oder Japanisch in Tokio.

Wenn Sie eine Kombination aus Sprache lernen und Urlaub suchen, bietet sich im Internet eine enorme Vielfalt. Es gibt Sprachreisen und Tanzen, Sprachreisen und Musik, Sprachreisen und Hollywood, Sprachreisen und Yoga oder Tauchen, Kochen, Kultur. Sie sind von der neu zu lernenden Sprache umgeben, können Ihre Kenntnisse gleich in Alltagssituationen anwenden, und in entspannter Urlaubsatmosphäre lernt es sich einfach leichter.

Lassen Sie sich anregen unter www.sprachreisen-ratgeber.de oder www.lal.de.

Sprachenjahr – Langzeitsprachkurse im Ausland

Mit einem Sprachenjahr steigern Sie die Intensität einer Sprachreise um ein Vielfaches und verfolgen andere Ziele. Während eine Sprachreise meist zwischen zwei und vier Wochen dauert, müssen Sie für ein Sprachenjahr circa drei bis acht Monate Zeit mitbringen.

Ziel ist es, in dieser Zeit die Sprache fließend sprechen zu lernen und anerkannte Zertifikate zu erhalten, die Sie auch beruflich einsetzen können. Gleichzeitig haben Sie eine tolle Auslandszeit. Ein Sprachenjahr ist in vielen Ländern möglich.

Es gibt noch eine weitere Steigerung: Beim »Multi-Language-Year« lernen Sie nicht nur eine, sondern gleich drei Sprachen. Dabei besuchen Sie nacheinander mehrere Länder.

Wenn Sie vielleicht für ein Auslandsstudium ein Zertifikat in Spanisch oder Englisch benötigen oder die Zeit nach dem Studium sinnvoll mit Reisen und Sprachen lernen kombinieren wollen, ist ein Sprachenjahr eine interessante Möglichkeit.

Informationen gibt es beispielsweise unter www.wege-ins-ausland. de/wege-ins-ausland/sprachreisen-im-ausland/multi-language-year.

Ist Ihr Ziel SMART? Die Formel für erfolgreiche Pläne

Wir alle wissen, dass nicht jeder Traum die gleiche Stärke und Wirkung auf uns hat. Entscheidend dafür, ob wir alles daransetzen, einen

Wunsch wahr werden zu lassen, ist der Gewinn, den wir uns davon versprechen. Nur wenn dieser Gewinn uns wirklich wichtig ist und uns motiviert, setzen wir auch all unsere Energie dafür ein. Wussten Sie, dass die meisten Projekte an unklaren Zielen scheitern? Beispielsweise werden Sie mit dem Ziel »Am Ende des Sabbaticals nehme ich am Halbmarathon teil« vermutlich keinen Erfolg haben, da es einfach nicht konkret genug ist, um wirkungsvoll umgesetzt zu werden. Spüren Sie nun den folgenden Worten nach: »In vier Monaten laufe ich den Halbmarathon mit. Die Teilnahme am Berliner Lauf ist schon seit langem ein großer Wunsch von mir, und jetzt habe ich die Zeit dafür. Ich starte mit einem Intervalltraining unter Anleitung eines Sportcoachs dreimal in der Woche von jeweils 30 Minuten. Die Wochenpläne passe ich meinem steigenden Leistungslevel an. Meine Trainingszeiten und Erfolge dokumentiere ich in einen Trainingsplan.«

Ob Ihr Ziel auch so motivierend und stark ist, können Sie mit der SMART-Formel testen. Das Akronym steht für:

S – **Spezifisch:** Formulieren Sie Ihr Ziel so klar und präzise wie möglich.

M – **Messbar:** Legen Sie Kriterien fest, an denen die Erreichung des Ziels gemessen werden kann.

A – **Attraktiv:** Nur Ziele, die für Sie attraktiv sind und Sie motivieren, haben Kraft.

R – **Realistisch:** Ein Ziel darf und sollte anspruchsvoll sein. Es muss aber auch erreichbar sein und durch Ihr eigenes Verhalten möglich sein.

T – **Terminierbar:** Klare Terminvorgaben gehören zu jedem Ziel. Bis wann soll es erreicht werden?

Probieren Sie die SMART-Formel an Ihrem Sabbatical-Projekt aus und stellen Sie fest, wie viel Kraft Sie bereits jetzt darin fühlen und an welcher Stelle Sie noch feilen können.

3. Zeitmodelle für die Auszeit

- ➤ Rechtliche Rahmenbedingungen
- ➤ Der Klassiker: das Sabbatjahr mit einem Teilzeitmodell
- ➤ Arbeitszeitkonto
- ➤ Elternzeit
- ➤ Unbezahlter Urlaub/Freistellung ohne Gehalt
- ➤ Kündigung
- ➤ Klarheit im Kopf – ein Coachingbeispiel

Rechtliche Rahmenbedingungen

Können sich alle Berufstätige ein Sabbatical nehmen? Und welche Chancen haben Arbeitnehmer auf eine Auszeit, auch ohne ihren Job zu kündigen? Gibt es einen Rechtsanspruch auf ein Sabbatical, und wenn ja, wie sieht er aus?

Der öffentliche Dienst und die freie Wirtschaft haben für eine Freistellung ganz unterschiedliche rechtliche Grundlagen. In diesem Kapitel stelle ich Ihnen einen Überblick über verschiedene Wege und Möglichkeiten für eine Auszeit zusammen. Schön ist, dass es für eine Auszeit nicht nur einen klassischen Weg gibt. Sie können auch mehrere Formen mischen und sich Ihre individuelle Auszeit gestalten. Schauen wir uns die Möglichkeiten näher an.

Beamte und Angestellte im öffentlichen Dienst und auch Lehrer können auf gesetzliche Regelungen zurückgreifen. Sie haben festgelegte Rahmenbedingungen, wie ein Sabbatical beantragt wird und an welche Voraussetzungen es geknüpft ist. Das macht eine Auszeit vergleichsweise einfach.

In jedem Bundesland gelten unterschiedliche Regelungen, die sich zusätzlich noch für Beamte und Angestellte im öffentlichen Dienst unterscheiden. Deshalb habe ich sie nach Bundesländern sortiert und ihnen im Anhang einen eigenen Abschnitt gegeben. Für mehr Informationen schlagen Sie das betreffende Bundesland nach. Dort finden Sie die derzeit geltenden Bestimmungen.

Arbeitnehmer in der Wirtschaft benötigen für eine Auszeit die Zustimmung ihres Arbeitgebers. Ein generelles Recht auf ein Sabbatical gibt es in Deutschland leider nicht. Es liegt im Ermessen des Arbeitgebers, einer Auszeit zuzustimmen. Wenn Sie das Glück haben, dass Ihr Unternehmen eine betriebliche Regelung für ein Sabbatical hat, ist es leicht, eine Auszeit zu beantragen. Die jeweilige Betriebsvereinbarung benennt die Voraussetzungen für die Genehmigung einer Auszeit.

Leider wird es in den meisten Unternehmen keine Betriebsvereinbarung geben. Das muss aber kein Nachteil sein. So können Sie mit Ihrem Arbeitgeber Ihre Auszeit ganz individuell gestalten.

Mit den folgenden Informationen darüber, wie sich ein Sabbatical zeitlich gestalten lässt, möchte ich Ihnen eine Auswahl und eine Entscheidungsgrundlage an die Hand geben.

Der Klassiker: Das Sabbatjahr mit einem Teilzeitmodell

Eine Form des Sabbaticals ist besonders populär: das Teilzeitmodell. Vereinfacht dargestellt vereinbaren Sie mit Ihrem Arbeitgeber einen Teilzeitvertrag für einen befristeten Zeitraum und am Ende der Teilzeit liegt beispielsweise ein sechsmonatiges Sabbatical.

Und so funktioniert es: Sie vereinbaren für drei Jahre eine Teilzeit. Das Gehalt wird über die gesamte Laufzeit reduziert. Zweieinhalb Jahre arbeiten Sie Vollzeit und sparen Zeit beziehungsweise Geld für Ihr Sabbatical an. Anschließend werden Sie sechs Monate für Ihr Sabbatical von der Arbeit freigestellt und in dieser Zeit läuft das reduzierte Gehalt weiter.

Dieses Model hat unglaublich viele Pluspunkte. Der Arbeitsvertrag bleibt bestehen und alle Sozialversicherungen wie die gesetzliche Krankenversicherung und Rentenversicherungen bleiben erhalten. Diese Sicherheit des Arbeitsplatzes ist in der heutigen Arbeitswelt ein gewichtiger Faktor.

Grundlage für dieses Teilzeitmodell ist das Teilzeitgesetz, das wir seit 2001 in Deutschland haben. Vollständig heißt es Teilzeit- und Befristungsgesetz. Es gilt für Unternehmen mit mehr als 15 Angestellten. Mitarbeiter mit mehr als 6 Monaten Betriebszugehörigkeit und in einem festen Beschäftigungsverhältnis haben einen grundsätzlichen Anspruch auf Teilzeit.

Mit demselben Modell können Sie sich auch jeden anderen Zeitumfang gestalten, auch ein ganzes Jahr. Schauen Sie sich die nachfolgenden Beispiele an und spielen Sie mit den Stellschrauben Zeit und Geld. Mit einem längeren zeitlichen Vorlauf kann man wahlweise die Auszeit verlängern oder ein höheres Gehalt während der Teilzeit behalten. Wollen Sie möglichst schnell in ein Sabbatical starten, können Sie sich ausrechnen, mit welcher Teilzeitvariante das möglich ist.

Beispiele für Teilzeitmodelle
Das reduzierte Gehalt läuft in allen Modellen während der Auszeit weiter.

Sabbatical Light: Drei Monate Auszeit
Ein Jahr Teilzeit mit rund 75 Prozent Gehalt
= Neun Monate mit 100 Prozent Arbeitszeit + drei Monate Auszeit

Sabbatical Medium: Sechs Monate Auszeit
Drei Jahre Teilzeit mit rund 83 Prozent Gehalt
= Zweieinhalb Jahre mit 100 Prozent Arbeitszeit + sechs Monate Auszeit

Sabbatical XL: Ein Jahr Auszeit
Sieben Jahre Teilzeit mit rund 85,7 Prozent Gehalt
= Sechs Jahre mit 100 Prozent Arbeitszeit + ein Jahr Auszeit

Fazit: Sie haben Ihre Auszeit vorgearbeitet. Für die Freistellungsphase ist finanziell vorgesorgt und Kranken- und Rentenversicherung bleiben erhalten. Auch die Betriebszugehörigkeit bleibt bestehen. Und einen kleinen Steuervorteil gibt es auch. Meist kommen bei einer Teilzeit die guten Seiten der Steuerprogression zum Tragen. So zahlen Sie auf ein geringeres Entgelt auch weniger Steuern und weniger Sozialabgaben bei gleicher Leistung. Unterm Strich bleibt mehr Lohn erhalten.

Arbeitszeitkonten

Viele Firmen bieten ihren Mitarbeitern Arbeitszeitkonten an. Sie werden auch Zeitwertkonto, Langzeitkonto oder Langzeitarbeitskonto genannt. Ein solches Konto hat das Ziel, ein langfristiges Arbeitszeitguthaben anzusparen, auf das der Mitarbeiter später zurückgreifen kann. Man kann es auch als Zeitspeicher für flexible Arbeitszeit bezeichnen. Auf diese Weise wird eine längerfristige Freistellung sozialversicherungsrechtlich geschützt und aus dem Einkommen des Arbeitnehmers finanziert. Es kann beispielsweise für Pflegezeit, Elternzeit, Teilzeit, die Freistellung für ein Sabbatical oder den Vorruhestand genutzt werden.

Erforderlich ist eine schriftliche Vereinbarung zwischen Arbeitgeber und Arbeitnehmer. Üblicherweise sind die Rahmenbedingungen eines Unternehmens in einer Betriebsvereinbarung oder in einem Tarifvertrag geregelt. Dazu gehört beispielsweise, welche Zeitanteile als Wertguthaben gesammelt werden. Das können Arbeitsstunden, Urlaubszeiten oder auch Gratifikationen sein.

Auf der Basis einer Vereinbarung wird ein Teil des Lohns des Arbeitnehmers in einem vom Arbeitgeber geführten Wertguthaben angespart, verzinst und anschließend im Falle einer Freistellung oder bei Teilzeit durch den Arbeitgeber wieder ausgezahlt. Das Wertguthaben muss in Geld geführt und gegen Insolvenz geschützt sein. Der Nominalwert des eingezahlten Arbeitsentgelts muss durch den Arbeitgeber garantiert sein.

Fragen Sie in Ihrem Unternehmen nach, ob es eine Form von Zeitwertkonto gibt und welche Bedingungen daran geknüpft sind.

Elternzeit

Für Eltern mit Kindern gibt es während der Elternzeit eine spannende Möglichkeit. In Deutschland haben Arbeitnehmer einen Rechtsanspruch auf Elternzeit.

Eltern, die ihr Kind selbst betreuen und erziehen, erhalten durch die Elternzeit eine unbezahlte Auszeit vom Berufsleben. Als Arbeitnehmerin oder Arbeitnehmer können Sie im Rahmen der Elternzeit von Ihrem Arbeitgeber verlangen, dass er Sie pro Kind bis zu 3 Jahre von der Arbeit freistellt. Während dieser Zeit haben Sie einen besonderen Kündigungsschutz. In der Elternzeit müssen Sie nicht arbeiten und erhalten keinen Lohn. Zum Ausgleich können Sie zum Beispiel Elterngeld beantragen.

Elterngeld soll die Familie finanziell unterstützen, falls die Eltern weniger Einkommen haben, weil sie nach der Geburt zeitweise weniger oder gar nicht mehr arbeiten. Es hilft dabei, die finanzielle Lebensgrundlage der Familie zu sichern. Elterngeld gibt es auch für Eltern, die vor der Geburt gar kein Einkommen hatten.

Die Elternzeit kann von Vater und Mutter auch gleichzeitig genommen werden. Natürlich ist dies kein klassisches Sabbatical. Die Elternzeit gleichzeitig zu nehmen, bietet allerdings die Chance, dass sich beide Elternteile gleichermaßen um das Kind kümmern können. Zudem können Sie während dieser Zeit als Familie zusammenwachsen und die gemeinsamen Monate erleben. Ein Sabbatical kann also auch eine wunderbare gemeinsame Zeit für die Familie werden.

Die wenigsten jungen Familien werden über das finanzielle Polster verfügen, drei Monate oder länger ohne Einkommen zu leben. Dann ist das besagte Elterngeld eine finanzielle Unterstützung.

Wie lange Sie Elterngeld bekommen, hängt davon ab, ob Sie sich für Basiselterngeld, für ElterngeldPlus oder für eine Kombination aus beidem entscheiden und ob Sie den so genannten Partnerbonus nutzen wollen.

Basiselterngeld können Sie für bis zu zwölf Lebensmonate Ihres Kindes erhalten. Wenn beide Partner Elterngeld beantragen und mindestens einer nach der Geburt weniger Einkommen hat als davor, sogar für bis zu 14 Monate. Diese zwei zusätzlichen Monate nennt man »Partnermonate«. Die Partnermonate können Sie auch bekommen, wenn Sie alleinerziehend sind.

ElterngeldPlus können Sie doppelt so lange bekommen wie Basiselterngeld: Anstelle eines Lebensmonats mit Basiselterngeld können Sie sich auch für zwei Lebensmonate mit ElterngeldPlus entscheiden. Die Summe des ausgezahlten Elterngeldes ist bei beiden Modellen dieselbe.

Beispiel für ein »Familien-Sabbatical«

Während die Mutter ein Jahr Elternzeit nimmt und Elterngeld bezieht, kann parallel der Vater zwei Partnermonate mit Elterngeld nehmen (das geht natürlich auch umgekehrt). Kombiniert mit Urlaub oder Stunden aus einem Langzeitkonto werden schnell drei Monate gemeinsame Familienzeit daraus, die dann auch finanziell abgesichert sind.

Umfangreiche Informationen zum Thema Elternzeit sowie einen Elterngeldrechner finden Sie beim Bundesministerium für Familie auf der Internetseite www.bmfsfj.de.

Die Rechtsgrundlage sind das Bundeselterngeldgesetz und das Elternzeitgesetz (BEEG).

Unbezahlter Urlaub/Freistellung ohne Gehalt

Einen Anspruch auf unbezahlten Urlaub gibt es in der Regel nicht. Doch häufig sind Arbeitgeber bereit, ein Sabbatical in Form eines unbezahlten Urlaubs zu gewähren.

Während eines unbezahlten Urlaubs ruht das Arbeitsverhältnis. Der Arbeitnehmer ist nicht zur Arbeitsleistung verpflichtet, der Arbeitgeber nicht zur Vergütung. In der Regel bleiben die sogenannten Nebenpflichten bestehen. So bleibt zum Beispiel der Kündigungsschutz erhalten und Angestellte dürfen während der Freistellung nicht für Konkurrenten arbeiten.

Die Vorteile für den Arbeitgeber sind folgende: keine aufwändigen Gehaltsberechnungen und keine kostenpflichtige Absicherung beispielsweise eines Langzeitkontos gegen Insolvenz.

Gerade wenn Sie kurzfristig in eine Auszeit gehen wollen, ist eine unbezahlte Freistellung eine Überlegung wert. Es gibt jedoch auch ein paar Besonderheiten, die Sie bedenken sollten:

Gesetzlicher Urlaubsanspruch Wenn Arbeitnehmer über einen längeren Zeitraum unbezahlten Urlaub nehmen, haben sie keinen Anspruch auf Erholungsurlaub. Der Arbeitgeber darf den Urlaubsanspruch anteilig kürzen. Laut Bundesarbeitsgericht ruhen bei unbezahltem Sonderurlaub die Hauptpflichten aus dem Arbeitsvertrag für beide Seiten. Und ohne Arbeitspflicht entsteht auch kein Urlaubsanspruch. (Az.: 9 AZR 315/17).

Sozialversicherung Dauert die unbezahlte Freistellung länger als einen Monat, hat das Auswirkungen auf die Sozialversicherungsleistungen. Weil bei unbezahltem Urlaub kein Lohn mehr durch den Arbeitgeber gezahlt wird, entfallen auch die Beiträge zu Sozialversicherungen.

Freigestellte Arbeitnehmer werden zudem aus der gesetzlichen Krankenversicherung, der Renten- und der Arbeitslosenversicherung abgemeldet. Einen Monat lang besteht für Mitarbeiter der Versicherungsschutz weiter. Dauert der unbezahlte Urlaub länger als einen Monat, muss man sich selbst versichern. Nehmen Sie die Arbeit nach der Auszeit wieder auf, muss Ihr Arbeitgeber Sie wieder bei den Versicherungen anmelden.

Mehr zum Thema Krankenversicherung finden Sie im Kapitel 7 unter »Wichtige Versicherungen«.

Fazit: Bei unbezahltem Urlaub ist es besonders wichtig, sich über die damit verbundenen finanziellen Konsequenzen Klarheit zu verschaffen. Sprechen Sie auch die Frage an, ob Sie danach auf Ihren alten Arbeitsplatz zurückkehren können und schließen Sie die Vereinbarung schriftlich ab. Auch wenn in der Geschäftswelt mündliche Absprachen als verbindlich angesehen werden, fällt es später schwer, eine Absprache unter vier Augen zu beweisen.

Kündigung

Die Kündigung eines Arbeitsverhältnisses für ein Sabbatical ist ein folgenreicher Schritt. Einen sicheren Job aufzugeben, kostet fast jeden Menschen viel Überwindung, und die Entscheidung will gut überlegt sein.

Es gibt allerdings Gründe im Berufsleben oder in der Biografie, die es sinnvoll erscheinen lassen, über eine Kündigung nachzudenken, wie beispielsweise:

- Der Arbeitgeber lehnt ein Sabbatical kategorisch ab. Wenn auch nach einiger Zeit keine Änderung in Sicht ist, kann die Kündigung des Jobs die richtige Wahl sein.
- Man fühlt sich schon längere Zeit an seiner Arbeitsstelle unzufrieden und plant nach der Auszeit eine andere Arbeitsstelle zu suchen.
- Man ist in seinem Job unglücklich und spürt, dass es Zeit ist für eine Veränderung.
- Man will die Auszeit nutzen, um sich beruflich neu zu orientieren oder eine andere berufliche Ausbildung zu machen.

Es gibt auch die Möglichkeit zu kündigen, einen neuen Job zu suchen und die Zeitspanne zwischen den beiden Jobs für ein Sabbatical zu nutzen.

Für einige Menschen, die ich gecoacht habe, war die Kündigung das absolute Loslassen von alten Verpflichtungen, also Freiheit pur. Ist das auch bei Ihnen der Fall?

Die Frage, die sich jeder nur selbst beantworten kann, ist: Halte ich die Unsicherheit aus, nicht sofort wieder einen neuen Job zu finden? Kann ich die Auszeit finanziell stemmen und habe ich noch Geldreserven, um die Zeit bis zum Beginn einer neuen Arbeitsstelle durchzustehen?

Eine Kündigung hat ebenfalls Konsequenzen auf die gesetzliche Krankenversicherung, die Renten- und die Arbeitslosenversicherung. Fragen Sie bitte frühzeitig bei den entsprechenden Stellen nach und lassen Sie sich die Antworten schriftlich geben. Gerade im Bereich Arbeitslosenversicherung kann es viele Fehlerquellen geben, die zu finanziellen Einbußen führen.

Spielen Sie in Gedanken mit den verschiedenen Modellen: Ist es Ihnen wichtiger, eine längere Auszeit zu haben oder benötigen Sie eine längere Ansparphase, damit auch im Sabbatical die Urlaubskasse stimmt?

Eine Sorge möchte ich Ihnen nehmen: Ein Sabbatical ist heutzutage keine Lücke mehr im Lebenslauf, die man verstecken muss. Im Gegenteil, auch Personalchefs wissen, dass sich Kompetenzen nicht nur durch

Fortbildung und Berufserfahrung entwickeln. Unternehmen stellen sich stärker darauf ein, Mitarbeiter zu motivieren und an ihre Firma zu binden. Immer mehr Firmen nutzen deshalb Auszeiten als ein Firmentool neben anderen, wie Fortbildung und Gesundheitsprävention, für ihre Mitarbeiter. Stellen Sie Ihre Auszeit überzeugend, plausibel und authentisch dar. Mit einem Sabbatical sind Sie schon lange kein Exot mehr auf dem Arbeitsmarkt.

> **Tipp:** Zur beruflichen Freistellung können Sie natürlich auch mehrere Varianten kombinieren. Denkbar ist beispielsweise eine Mischung aus Teilzeit und Langzeitkonto. Erkundigen Sie sich, welche Möglichkeiten Ihre Firma anbietet.

Klarheit im Kopf – ein Coachingbeispiel

Lena ist 36 Jahre alt und befand sich mitten in einer privaten Umbruchphase, als sie wegen ihrer Sabbatical-Planung zu mir kam. Sie war seit über zehn Jahren in einem Logistikunternehmen beschäftigt und hatte einen verantwortungsvollen Posten, der ihr zwar viel Spaß machte, der aber auch enorm viel Einsatz abverlangte. Ein knappes Jahr vorher hatten sie und ihr Mann sich getrennt und sie hatte den dringenden Wunsch, ein Jahr auszusteigen, sich innerlich neu zu sortieren und eine Atempause von ihrem stressigen Job zu nehmen. Sie spürte, dass ihre Akkus in diesem Tempo nicht mehr lange mitmachen würden und sie Zeit für sich brauchte.

Ein Coaching starte ich oft mit drei Fragen, die helfen, in die Ausgangssituation einzusteigen und das gewünschte Ziel meines Coachees kennenzulernen.

- Wo stehen Sie heute?
- Was wollen Sie im Coaching erreichen?
- Und was ist Ihr heutiger Gewinn, wenn Sie nach Hause fahren?

Lena und ich hatten durch ein erstes Telefonat bereits einen guten Draht zueinander gefunden, und sie schilderte mir ihre persönliche und berufliche Situation. Im Unternehmen sind fast hundert Mitarbeiter beschäftigt, sie selbst war in der Hierarchie direkt unter der Geschäftsleitung. Das Klima zwischen den Mitarbeitern beschrieb sie als kollegial und hilfsbereit und der Umgangston mit ihrem Chef war freundschaftlich.

Das machte es für sie leichter und schwerer zugleich. Sie befürchtete, mit ihrem Wunsch nach einem Jahr Auszeit auf Unverständnis zu stoßen, weil sich die Kollegen im Stich gelassen fühlen könnten. Das Finanzielle war nicht das Problem, da sie schon längere Zeit gespart hatte und wusste, dass sie mit einem eher einfachen Lebensstil ein Jahr auskommen würde. Sie hatte eine Fülle von Ideen für die Auszeit und wollte endlich das nachholen, was sie direkt nach dem Abitur nicht gemacht hatte: Reisen. Auf ihrem Ideenzettel standen Pferde, vielleicht eine Zeit auf einer Alm, Reisen durch Asien und viel Wandern. Im Coaching suchte sie gezielt die Klärung organisatorischer Fragen, bevor sie in das Gespräch mit ihrem Arbeitgeber gehen wollte. Ihr direkter Chef ist auch der Geschäftsführer.

Ihre Anfangsfragen waren: Wie verschaffe ich mir die freie Zeit bei meinem Arbeitgeber? Will ich kündigen oder will ich danach wieder in die Firma zurück? Welche Konsequenz hat jede Variante für mich? Was mache ich mit meinen Versicherungen, wie bin ich im Ausland krankenversichert und wie regele ich meine Finanzen unterwegs? Besonders wichtig war ihr: Mit welchen Argumenten kann ich in das Gespräch mit meinem Chef gehen, damit er meinen Wunsch nach einem Ausstieg verstehen und akzeptieren kann? Ihre Wertschätzung für den Arbeitgeber war spürbar und auch das Bedürfnis nach einer tragfähigen Lösung.

Für manch einen ist es eine irritierende Frage zu Beginn des Coachinggesprächs, was der heutige Gewinn sein wird. Wie soll man das jetzt schon wissen? Gerade mit dieser Frage gelingt es jedoch gut, eigene Erwartungen zu formulieren.

Lena formulierte als Gewinn, dass sie Klarheit hat über die Vor- und Nachteile einer Kündigung und einen »Fahrplan« über die nächsten organisatorischen Schritte.

Die meisten Menschen verunsichert es, wenn sie die Folgen einer Entscheidung nicht abschätzen können. Natürlich können wir nicht die absolute Sicherheit bekommen und in die Zukunft schauen, welche Konsequenzen unser Handeln nach sich ziehen wird. Doch das Wissen über Fakten gibt eine Basis für Entscheidungsprozesse.

Wir begannen mit der Gegenüberstellung von Kündigung und Teilzeitmodell mit ihren Vor- und Nachteilen. Eine Kündigung sollte nicht nur unter dem Aspekt betrachtet werden: »Wie kann ich möglichst schnell in eine Auszeit starten?« Hier ist es wichtig, einen Blick auf die Rückkehr nach der Auszeit zu werfen und sich selber sehr ehrlich die Fragen zu beantworten: Wie realistisch ist es in meiner Branche, schnell wieder einen Job zu finden? Habe ich genug Reserven, eine finanzielle Durststrecke durchzuhalten? Und habe ich genügend innere Stärke, eine solche Zeit auszuhalten? Wie hoch ist mein Sicherheitsbedürfnis?

Lena wollte die Freiheit haben, nach der Auszeit neu entscheiden zu können, wo sie dann leben und arbeiten möchte. Und sie wollte die Option haben, ohne zeitliche Befristung so lange unterwegs sein zu können, wie es ihr guttat. Mit den Sachinformationen merkte sie, dass ihr eine Kündigung keine wirkliche Sorge bereitete.

Als Vorbereitung für das Gespräch mit ihrem Chef und später den Kollegen unterstützte ich sie, bei ihrer ohnehin vorhandenen Wertschätzung zu bleiben. Zuerst filterten wir heraus, wann ein guter Zeitraum für die Auszeit aus betrieblicher Sicht ist. Sie beschrieb wichtige Projekte und auch betriebliche Belange wie eine Überprüfung durch den US-amerikanischen Mutterkonzern, die enorm wichtig für das Unternehmen ist. Erst nach dieser arbeitsintensiven Phase ist die Einarbeitung einer Vertretung sinnvoll und realistisch. Sie hatte jemanden aus der Firma im Blick, der dafür infrage kommen könnte. Auch das Gespräch mit ihrem Chef sollte nicht in einer Zeit stattfinden, in der er den Kopf nicht frei hatte. Im Verlauf des Coachings wurde deutlich, wie viele Gedanken sie sich bereits gemacht hatte und wie zuversichtlich sie war, dass ihr Chef ihren Auszeitwunsch würde nachvollziehen können. Sie formulierte ihr Bedürfnis nach einer Auszeit authentisch und mit Überzeugung.

Es musste an einer anderen Stelle knirschen. Die Frage, wem in ihrer Familie oder in ihrem Freundeskreis es besonders schwerfallen würde, sie gehen zu lassen, half ihr. Sie hat ein enges Verhältnis zu ihren Eltern und vor dem Gespräch mit ihnen war ihr mulmig zumute. Ihr war klar, dass ihre Eltern sich Sorgen machen und ihr diese Reise ausreden wollen würden. Es ist normal, dass Eltern sich Sorgen machen. Oft sprechen Eltern und Freunde genau die Befürchtungen aus, die wir auch als leise Stimme in uns kennen und gerne verdrängen.

Ich bestärkte sie darin, die Sorgen ihrer Eltern erst einmal anzunehmen, und hakte nach, was die Ängste bei ihr auslösen. Das Ergebnis war: Sie wünschte sich Vertrauen von ihren Eltern, dass sie ihren eigenen Weg gehen kann. Und sie konnte die Sorgen ihrer Eltern annehmen und überlegen, wie sie damit umgehen kann, ohne sich für ihre mutigen Pläne rechtfertigen zu müssen. Sie überlegte, sich für das anstehende Gespräch ihren Bruder als Unterstützer mit dazuzunehmen, der ihr mit seiner ruhigen Art helfen konnte.

An diesem Punkt war für Lena das Ziel des Coachings erreicht. Eine gute Strategie für das Gespräch mit ihren Eltern zu haben, war ihr enorm wichtig gewesen, obwohl dieses Thema sich anfangs so versteckt hatte. Im Verlauf des Coachings war ihr immer klarer geworden, dass sie sich bei der Länge der Auszeit nicht festlegen wollte und sie jetzt mit dem Wissen über Vor- und Nachteile einer Kündigung eine Entscheidung treffen wollte und konnte.

Ihr Fazit: Ich habe mehr bekommen, als ich erhofft hatte, und jetzt gehe ich mit mehr Vertrauen an die Umsetzung meiner Auszeit.

Welche Fragen zur Sabbatical-Planung beschäftigen Sie gerade jetzt? Nehmen Sie sich drei Minuten Zeit – länger muss es nicht sein – und schreiben Sie sich die zwei oder drei Punkte auf, die Sie noch klären müssen. Das kann eine Frage zur Krankenversicherung sein oder Argumente für das Gespräch mit der Personalstelle. Nutzen Sie Ihr Notizbuch für das Sabbatical oder das Notizfeld hier im Buch dafür.

Hier ist auch ein guter Moment, die Gedanken aufzuschreiben, die möglicherweise Unbehagen oder Stress auslösen. Das kann die Nervosität vor dem Gespräch mit der Chefin sein, es kann aber auch die Sorge sein, in der Auszeit krank zu werden oder durch die Auszeit Freunde zu verlieren. Hier geht es erst einmal nur darum, keinen Gedanken zu vergessen. Später können Sie dann die Punkte in Ruhe erledigen.

Für Ihre Notizen

_____
_____
_____
_____
_____
_____
_____
_____
_____
_____
_____
_____
_____

4. Ein Sabbatical beantragen

- ➢ In der Wirtschaft
- ➢ Im öffentlichen Dienst
- ➢ Sabbatical-Regelungen des Bundes
- ➢ Sabbatical-Regelungen der Bundesländer
- ➢ Regelungen für Lehrer
- ➢ Ein Sabbatical ist kein Karriereknick

Sie freuen sich schon sehr auf Ihr Sabbatical und die Hürde mit Ihrem Chef haben Sie gemeistert. Nun gibt es noch einen wichtigen Schritt zu erledigen: Das Sabbatical muss beantragt werden. Das ist gar nicht so kompliziert, wie Sie vielleicht vermuten. Die Formalien sind jedoch unterschiedlich, je nachdem, ob Sie im öffentlichen Dienst oder in der Wirtschaft beschäftigt sind.

In der Wirtschaft

Erkundigen Sie sich bei Ihrer Personalabteilung, dem Betriebsrat oder Ihrem Chef, welche Angaben Ihre Firma im Sabbatical-Antrag benötigt. Dann verfassen Sie einen normalen Brief, üblicherweise an die Personalstelle oder die Geschäftsleitung, und beantragen darin ein Sabbatical. Geben Sie dabei die Dauer des Sabbaticals an und mit welchem Modell (Teilzeit, Langzeitkonto oder unbezahlte Freistellung) sie gestaltet werden soll. Die Erfahrung hat gezeigt, dass Personalabteilungen recht hilfsbereit sind, wenn sie über das Fachwissen zum Thema Auszeit verfügen. Aber es kann auch sein, dass Sie Vorreiter in Sachen Sabbatical sind. In jedem Fall ist es gut, wenn Sie sich über die Möglichkeiten informieren, wie eine Auszeit arbeitsvertraglich geregelt werden kann.

Viele größere Unternehmen bieten ihren Mitarbeitern ein betriebliches Sabbatical an. Leider müssen Sie es trotzdem selbst finanzieren, aber es bedeutet, dass sich ein Unternehmen positiv für ein Sabbatical seiner Mitarbeiter entschieden hat und die Voraussetzungen für ein Sabbatical in einer Betriebsvereinbarung festgelegt hat.

Die Rahmenbedingungen einer Betriebsvereinbarung können beispielsweise sein, wie lange eine Betriebszugehörigkeit bestehen muss, welche Arbeitsverhältnisse betroffen sind, zu welchen Bedingungen ein Sabbatical genommen werden kann und dass betriebliche Belange einer Auszeit nicht entgegenstehen dürfen. Zu einer Betriebsvereinbarung gehören in der Regel auch vorgeschriebene Antragsformulare, auf die Sie zurückgreifen können.

Egal ob Ihr Unternehmen eine Betriebsvereinbarung hat oder das Sabbatical einzeln verhandelt werden muss, es ist in beiden Fällen wichtig, sich auf das Gespräch mit den Vorgesetzen oder der Personalabteilung vorzubereiten. Denn auch direkte Vorgesetzte können Sie in Ihrem Auszeitwunsch unterstützen oder aber mit betrieblichen Argumenten abblocken.

Arbeitszeitmodelle, die Sie für eine Auszeit nutzen können, habe ich Ihnen in Kapitel 3 vorgestellt. Welche Argumente hilfreich sind sowie Tipps für die Vorbereitung auf das Gespräch mit Ihrem Chef oder Ihrer Chefin erfahren Sie in Kapitel 5. Und wenn Sie wissen wollen, was in einen Sabbatical-Vertrag hineingehört, sind Sie im Kapitel 6 richtig.

Im öffentlichen Dienst

Ein Sabbatical gibt auch im öffentlichen Dienst die Chance auf eine Auszeit, ohne die soziale Sicherheit des Beschäftigungsverhältnisses aufzugeben oder unbezahlten Urlaub nehmen zu müssen. Es gibt unterschiedliche Bezeichnungen wie Sabbatjahr, Blockfreizeit oder Langzeiturlaub, und alle meinen im Kern dasselbe.

Anders als in der Privatwirtschaft, in der die große Mehrheit der Beschäftigten mangels entsprechender Ansprüche kaum die Möglichkeit hat, eine Sabbatical-Vereinbarung zu schließen, ist dies für Beamtinnen und Beamte sowie Tarifbeschäftigte in Bund und Ländern relativ einfach zu realisieren. Der öffentliche Dienst hat bei der Einführung und Gewährung von Sabbaticals in Deutschland eine gewisse Vorreiterrolle übernommen.

Das Prinzip

In der Umsetzung gibt es für Beamtinnen und Beamte sowie Tarifbeschäftigte in Bund und Ländern im Detail unterschiedliche Regelungen. Das Grundprinzip ist jedoch immer gleich.

Ein Sabbatical besteht aus einer Anspar- und einer Freistellungsphase. Während der Ansparphase sparen Beschäftigte ein Arbeitszeitguthaben an, das sie später durch Freistellung – das eigentliche Sabbatical – wieder abbauen. Das Beamten- oder Arbeitsverhältnis bleibt während des gesamten Sabbaticals bestehen.

Bei Beamtinnen und Beamten funktioniert das grundsätzlich über eine speziell gestaltete Teilzeitvereinbarung; bei Tarifbeschäftigten über das Ansparen von Arbeitszeitguthaben auf einem Langzeitkonto in Kombination mit einer Teilzeitvereinbarung.

Die Ermessensentscheidung

Ein Sabbatical *kann* ermöglicht werden, soweit dienstliche Belange dem nicht entgegenstehen. Jede Vereinbarung von Sabbatical-Regelungen zwischen Beschäftigten und Dienstherr oder Arbeitgeber im Bereich des öffentlichen Dienstes liegt in dessen Ermessen. Er kann – muss aber nicht – dem Beschäftigten, gleich ob im Beamten- oder Arbeitsverhältnis, spezielle Arbeitszeitregelungen zur Realisierung eines Sabbaticals ermöglichen.

Ein Dienstherr oder Arbeitgeber ist in seinen Entscheidungen nicht völlig frei. Er hat nach »pflichtgemäßem Ermessen« zu entscheiden. Je nach den konkreten Umständen kann sich das Ermessen auch so stark reduzieren, dass dem Antrag des Beschäftigten stattgegeben werden muss.

Ob der Dienstherr oder Arbeitgeber sein Ermessen ordnungsgemäß ausübt, ist eine Frage des Einzelfalls. Im Bereich Sabbaticals gibt es bereits einige Gerichtsurteile, die eine grobe Orientierung geben. So hat das Bundesarbeitsgericht beispielsweise mehrfach entschieden, dass Beschäftigte einen Anspruch auf Gewährung von Sonderurlaub zur Aufnahme eines Studiums haben. Die Urteile betreffen zwar die Gewährung von Sonderurlaub, jedoch gelten die Ermessenskriterien grundsätzlich auch für die Beantragung und Durchführung von Sabbaticals.

Das Oberverwaltungsgericht (OVG) Rheinland-Pfalz in Koblenz hatte entschieden, dass der beamtete Schulleiter einer Grundschule keinen Anspruch auf eine Teilzeitbeschäftigung nach dem sogenannten Sabbatjahrmodell hat, weil dienstliche Belange entgegenstehen. Eine Teilzeitbeschäftigung nach dem sogenannten Sabbatjahrmodell komme zwar dem Grunde nach auch für Schulleiter in Betracht, wenn dienstliche Gründe nicht entgegenstünden. Unter Berücksichtigung der durch die Schulleitung wahrzunehmenden umfangreichen Führungs- und Leitungsaufgaben erfordere jedoch die Aufrechterhaltung eines ordnungsgemäßen Schulbetriebs eine adäquate Vertretung, die im vorliegenden Fall nicht gewährleistet sei. (Urt. V. 23.6.2015, Az. 2 A 11033/14.OVG)

Sollten alle Bemühungen scheitern, zusammen mit dem Dienstherrn oder Arbeitgeber unter Mithilfe des Personalrats eine Sabbatical-Vereinbarung zu schließen, lohnt sich je nach konkreter Situation eine Klage. Dies sollte jedoch nicht ohne eine anwaltliche Beratung erfolgen.

Störfälle im Sabbatical

Ein Sabbatical hat meist eine längere Ansparphase, die mehrere Jahre dauern kann. Über so einen langen Zeitraum kann es zu nicht vorhersehbaren persönlichen oder dienstlichen Situationen kommen, im Beamtenvokabular»Störfälle« genannt. Fragen Sie deshalb bei der Antragstellung nach, wie mit besonderen Situationen umgegangen wird, in denen keine Stunden angespart werden können, oder wie der Ausgleich erfolgt, wenn er wegen Dienstunfähigkeit oder vorzeitiger Pensionierung nicht mehr in Freizeit gewährt werden kann. Solche Störfälle könnten beispielsweise sein:

- eine Elternzeit ohne Teilzeitbeschäftigung oder eine sonstige Beurlaubung von mehr als einem Monat, ausgenommen Erholungsurlaub,
- die einen Monat überschreitende Zeit einer Dienstunfähigkeit,

- die teilweise Freistellung vom Dienst wegen vorübergehend herabgeminderter Dienstfähigkeit,
- ein vorübergehender Wechsel in Bereiche, in denen die jeweilige besondere Form der Arbeitszeitverteilung nicht fortgeführt werden kann,
- ein Amtsverbot oder eine vorläufige Dienstenthebung,
- eine volle Freistellung vom Dienst im Rahmen einer weiteren besonderen Form der Arbeitszeitverteilung.

Fragen Sie nach, ob bei Eintreten eines solchen Grundes während der Ansparphase oder auch in der Freistellungsphase der Zeitraum um diese Zeit verlängert werden kann, oder in welcher Form ein Ausgleich erfolgen wird.

Sabbatical-Regelungen des Bundes

Für die Beamten und Tarifbeschäftigten des Bundes gibt es unterschiedliche Anspruchsvoraussetzungen und auch unterschiedliche Rahmenbedingungen.

Bundesbeamtinnen und -beamte

Für die Beamtinnen und Beamten des Bundes ist die Möglichkeit eines Sabbaticals weitgehend im Bundesbeamtengesetz (BBG) und der Arbeitszeitverordnung Bund (AZV) geregelt. Besoldungsberechtigte Beamte können auf Antrag in eine befristete Teilzeitbeschäftigung wechseln, in der der Umfang der Arbeitszeit auf bis zu 50 Prozent der üblichen Arbeitszeit reduziert werden kann. In diesem Rahmen können sie beantragen, die zu erbringende Arbeitszeit während der Teilzeitbeschäftigung in Vollzeit abzuleisten, um später die angesparten Arbeitszeitguthaben durch Freizeit zusammenhängend abzubauen.

Die Freistellungsphase kann bis zu drei Monate zusammenhängend genommen werden. Liegt die Freistellungsphase am Ende des Teilzeitzeitraumes, kann der Freizeitblock bis zu einem Jahr betragen.

Voraussetzung für die Bewilligung beider Anträge ist, dass dienstliche Belange der beantragten Teilzeittätigkeit und der Blockung der Freistellung nicht entgegenstehen. Der Antrag ist an die personalbearbeitende Dienststelle zu richten. (§ 9 Absatz 1 AZV, § 91 Absatz 1 BBG und § 9 Absatz 1 AZV Bund)

Tarifbeschäftigte des Bundes

Die Möglichkeit eines Sabbaticals ergibt sich bei den Tarifbeschäftigten des Bundes aus den Regelungen des Tarifvertrags für den öffentlichen Dienst (TVöD). Der Arbeitgeber kann mit einem Beschäftigten die Einrichtung eines Arbeitszeitkontos in Form eines Langzeitkontos vereinbaren. Das geht nur mit Beteiligung des Personalrats. Falls der Arbeitgeber insolvenzfähig ist, ist eine Regelung zur Insolvenzsicherung zu vereinbaren. Das eingerichtete Langzeitkonto wird über eine vereinbarte Teilzeitbeschäftigung aufgefüllt und während der Freistellungsphase ausgezahlt. (§ 6, § 10 Absatz 6 und § 11 TVöD)

Ein anderer denkbarer Weg ist auch die Gewährung von Sonderurlaub gemäß § 28 TVöD durch den Arbeitgeber – hier erfolgt die Freistellung unbezahlt und die Beschäftigten müssen sich für die Freistellungsdauer zudem grundsätzlich selbst versichern.

Sabbatical-Regelungen der Bundesländer

Alle Bundesländer bieten für ihre Beschäftigten Regelungen zu Sabbaticals. Gerade bei Gesetzestexten und Tarifvereinbarungen ist es nicht immer leicht, sie zu lesen. Und um die Verwirrung noch größer zu machen, gibt es auch noch unterschiedliche Regelungen für Lehrer in den Bundesländern.

Landesbeamte

In den 16 Bundesländern gelten die jeweiligen Regeln des Landesrechts. Bei den konkreten Modellen gibt es dadurch teilweise Unterschiede.

Zwischen einem und zwölf Jahren kann man im öffentlichen Dienst üblicherweise in Teilzeit arbeiten – bei entsprechend gekürztem Lohn –, um dann das Sabbatjahr einzulegen, wobei in dieser Zeit das gleiche Entgelt weitergezahlt wird.

Das Sabbatjahr für Landesbeamte ist wie bei Bundesbeamten in eine Anspar- oder Arbeitsphase und eine Freistellungsphase unterteilt. Die häufigste Variante ist eine einmalige, meist einjährige Freistellung vom Dienst nach einer gewissen Zeit der Ansparphase. Wie lange diese Phasen jeweils dauern, ist unterschiedlich geregelt. Auch kurze Auszeiten, etwa drei Monate nach einer zweijährigen Ansparphase, sind möglich. Üblicherweise wird die Freistellungszeit am Ende genommen. Es gibt aber auch Regelungen, die es ab der Hälfte der Zeit ermöglichen.

Grundsätzlich gilt für Beamte, dass sie rechtzeitig einen entsprechend formellen Antrag bei ihrem Dienstherrn stellen müssen. Auch Teilzeitbeschäftigte können ein Sabbatjahr beantragen. Falls ein Beamter beispielsweise wegen des Wechsels der Dienststelle oder wegen einer bevorstehenden Pensionierung die Auszeit nicht in Anspruch nehmen kann, muss der Dienstherr ihm die angesparten Bezüge »nachzahlen«. Wenn der Begünstigte vorher stirbt, sind die Ansprüche vererbbar.

Tarifbeschäftigte der Länder

Die Regelungen des TV-L sind etwas Sabbatical-freundlicher ausgestaltet als die des TVöD. »Sabbatjahrmodelle« werden in § 6 Absatz 2 TV-L ausdrücklich erwähnt. Daher kann abweichend vom TVöD im Bereich der Länder für die Berechnung der regelmäßigen Arbeitszeit ein längerer Ausgleichszeitraum als ein Jahr zugrunde gelegt werden. Aus § 6 TV-L ergibt sich direkt die Möglichkeit, zumindest kürzere Freistellungsphasen zu realisieren. Ansonsten gelten für längere Freistellungszeiträume ähnliche Regelungen wie bei den Tarifangestellten des Bundes. Nach § 10 TV-L kann für die Beschäftigten ein Arbeitszeitkonto in Form eines Langzeitkontos eingerichtet werden. Auch hier ist der Personalrat zu beteiligen.

Gemäß § 11 TV-L kann eine befristete Teilzeitbeschäftigung vereinbart und über geleistete Vollzeitarbeit das Langzeitkonto aufgefüllt werden. Das angesparte Arbeitszeitguthaben wird dann in einer Freistellungsphase abgebaut.

Übersicht der Bundesländer

Die Übersicht aller Bundesländer zu den Sabbatical-Regelungen finden Sie alphabetisch in einer Übersicht im Anhang. Sie enthalten stichwortartig die rechtlichen Grundlagen, Dauer und Besonderheiten der Antragstellung. Es wird dabei unterschieden zwischen Landesbeamten und Tarifangestellten sowie besonderen Regelungen für Lehrer.

Eine Landesbestimmung stelle ich Ihnen ausführlicher vor, damit Sie die Hinweise in der Übersicht der Bundesländer auch umsetzen können. Als Beispiel habe ich Nordrhein-Westfalen gewählt.

Landesbeamtinnen und -beamte in Nordrhein-Westfalen
Beamtinnen und Beamte im Landesdienst können auf Antrag in eine befristete Teilzeitbeschäftigung wechseln, soweit dienstliche Belange nicht entgegenstehen. Die Teilzeit kann auf Antrag auch in einem Blockmodell bewilligt werden. Beamte können dadurch für drei bis sieben Jahre die Arbeitszeit auf zwei Drittel bis sechs Siebtel der regelmäßigen Arbeitszeit reduzieren und zwei bis sechs Jahre voll beschäftigt arbeiten und anschließend ein ganzes Jahr voll vom Dienst freigestellt werden.

Das gilt auch für Fälle, in denen die Freistellung weniger als ein Jahr betragen soll.

Rechtliche Grundlagen: §§ 63 Absatz 1, 64 Landesbeamtengesetz NRW (LBG NRW)

Tarifbeschäftigte in Nordrhein-Westfalen
Tarifbeschäftigte können ebenfalls ein Sabbatical über ein Teilzeitmodell beantragen, sofern dienstliche Belange nicht entgegenstehen. Voraussetzung ist, dass die Dienststelle den Beschäftigten die Möglichkeit gibt, ein Arbeitszeitkonto oder Langzeitkonto zu führen. Darüber wird eine befristete Teilzeitbeschäftigung vereinbart und mit der geleisteten Vollzeitarbeit das Langzeitkonto aufgefüllt. In der Freistellungsphase wird das angesparte Arbeitszeitguthaben wieder abgebaut.

Beschäftigte können dadurch für drei bis sieben Jahre die Arbeitszeit auf zwei Drittel bis sechs Siebtel der regelmäßigen Arbeitszeit reduzieren. So können sie zwei bis sechs Jahre voll beschäftigt arbeiten und anschließend ein ganzes Jahr voll vom Dienst freigestellt werden. Die Freistellungsphase liegt üblicherweise am Ende des Zeitraumes.

Das gilt auch für Fälle, in denen die Freistellung weniger als ein Jahr betragen soll.

Rechtliche Grundlagen: §§ 6, 10 und 11 Tarifvertrag der Länder (TV-L)

Sabbatical-Regelungen für Lehrer

Die Berufsbezeichnung Lehrer ist in Deutschland nicht urheberrechtlich geschützt. Jeder, der anderen Menschen Wissen oder Können vermittelt, kann sich daher als Lehrer bezeichnen. Wenn wir über Sabbatical für Lehrer sprechen, ist es aber wichtig zu wissen, welche Personen damit gemeint sind. Als Lehrer im engeren Sinne bezeichnet man Personen, die das Lehren und Unterrichten nach einer professionellen Ausbildung berufsmäßig ausüben. Das kann in Privatschulen oder im Staatsdienst sein. Die klassischen Formen erkennt man schon an der Berufsbezeichnung wie beispielsweise Grundschullehrer, Waldorflehrer oder nach einem Unterrichtsfach Deutschlehrer.

Die grundsätzlichen Ausführungen zum öffentlichen Dienst gelten auch für Lehrer. Es gibt für sie jedoch ein paar zusätzliche Besonderheiten. Bildung ist in Deutschland Ländersache, und die Bundesländer haben eigene Richtlinien zur Durchführung eines Sabbaticals erlassen. Es gibt viele Gemeinsamkeiten, aber durchaus auch größere Abweichungen. Gesetze und Richtlinien sind immer wieder Veränderungen unterworfen. Deshalb kann nicht für die Aktualität der Informationen garantiert werden. Bitte informieren Sie sich im Vorfeld bei Ihrem Personal- oder Betriebsrat.

Beamtete Lehrer

Ein Sabbatjahr für Lehrer ist in der Regel tatsächlich ein ganzes Jahr, also analog zum Schuljahr. In den meisten Modellen beträgt der Zeitraum von Anspar- und Freistellungsphase zwischen zwei und sieben Jahren. Für den gesamten Zeitraum wird ein Antrag auf ein Sabbatjahr oder Teilzeitbeschäftigung im Blockmodell gestellt. Die Begriffe variieren von Bundesland zu Bundesland. Die Freistellungsphase liegt üblicherweise am Ende der Teilzeit.

Die Varianten sehen üblicherweise so aus:

- *3 Jahre mit 2/3 der Dienstbezüge:* 2 Jahre Vollbeschäftigung, ein Jahr Freistellung
- *4 Jahre mit 3/4 der Dienstbezüge:* 3 Jahre Vollbeschäftigung, ein Jahr Freistellung
- *5 Jahre mit 4/5 der Dienstbezüge:* 4 Jahre Vollbeschäftigung, ein Jahr Freistellung
- *6 Jahre mit 5/6 der Dienstbezüge:* 5 Jahre Vollbeschäftigung, ein Jahr Freistellung
- *7 Jahre mit 6/7 der Dienstbezüge:* 6 Jahre Vollbeschäftigung, ein Jahr Freistellung

Regelmäßig wird während der gesamten Zeit des Sabbaticals auf einen Teil des Gehaltes verzichtet. Der Dienstherr »spart« es für Sie an und zahlt es während der Freistellungsphase aus, sodass auch in dieser Zeit das reduzierte Gehalt weiterläuft. Je länger der zeitliche Vorlauf ist, umso geringer ist die monatliche Reduzierung des Gehalts.

Sonderregelungen Lehrer im Beamtenverhältnis müssen auch bei einer Sabbatical-Regelung mindestens die Hälfte der Pflichtstundenzahl haben. Lehrer, die ohnehin in Teilzeit arbeiten, können grundsätzlich auch ein Sabbatical nehmen. Die Zahl der Unterrichtsstunden ändert sich dadurch nicht, doch auch hier wird das Gehalt reduziert und so eine Ersparnis für die Freistellungsphase gebildet.

Fristen Für Lehrer orientiert sich ein Sabbatjahr am Schuljahr. Deshalb beginnt ein solches Modell in Nordrhein-Westfalen beispielsweise am 1. August eines Jahres und endet am 31. Juli des folgenden Jahres. Auch für die Antragstellung gibt es Fristen. Er muss bis zum 1. Februar des Jahres gestellt werden, in dem die Teilzeitregelung in Kraft treten soll. Eingereicht wird er in Nordrhein-Westfalen bei der jeweiligen Bezirksregierung. Erkundigen Sie sich deshalb im Vorfeld, bei welcher Behörde der Antrag gestellt wird und welche Frist in Ihrem Bundesland gilt.

Beihilfe Für Lehrkräfte im Beamtenstatus bleibt der Beihilfeanspruch durchgehend bestehen, also auch im Freistellungsjahr.

Gespräch mit der Schulleitung Eine gesetzliche Sabbatical-Regelung gibt beamteten Lehrern zwar den Rechtsanspruch auf ein Sabbatjahr, dennoch muss die Schulleitung zustimmen. Eine Ablehnung kann jedoch nur aus wichtigen Gründen erfolgen. Eine gute Vorbereitung auf ein Gespräch mit der Schulleitung kann auch hier manchen Weg ebnen.

Angestellte Lehrer

In den meisten Bundesländern gelten für Lehrer als Tarifangestellte ähnliche Regelungen zu einem Sabbatjahr wie für Beamte. Sie basieren aber auf anderen gesetzlichen Grundlagen. Durch eine zeitlich befristete Form der Teilzeitbeschäftigung im Blockmodell können auch sie im letzten Jahr des Zeitraumes freigestellt werden.

Lehrer in Nordrhein-Westfalen
Angestellte Lehrkräfte im Landesdienst, die unter den Anwendungsbereich des Tarifvertrages der Länder fallen, werden gleich behandelt wie verbeamtete Lehrkräfte. Es werden die Regelungen des Landesbeamtengesetz Nordrhein-Westfalen zur Teilzeitbeschäftigung und Jahresfreistellung angewendet.
(§ 44 Nr. 2 TV-L und §§ 63 Abs. 1, 64 LBG NRW)

Ein Sabbatical ist kein Karriereknick

Der Ausstieg aus dem Alltag ist normal geworden im Lebenslauf Vor einigen Jahren war es noch exotisch, wenn jemand von seinem Sabbatical erzählte. Heute finden wir fast jeden Monat Berichte über Manager, Lehrer und Angestellte aus kleineren Unternehmen, die eine Auszeit vom Berufsleben nehmen. Der Trend, eine Auszeit zu nehmen, wird immer beliebter bei Arbeitgebern und Arbeitnehmern.

Motivierte Mitarbeiter werden gesucht Immer mehr Unternehmen machen die Erfahrung, dass Mitarbeiter gestärkt und motiviert nach einer Auszeit zurückkehren. Dieser Zuwachs an Energie kommt dem Unternehmen zugute.

Ein Sabbatical trägt zur Kompetenzentwicklung bei Die fachlichen und persönlichen Fähigkeiten werden nicht nur im Arbeitsalltag erlernt und erweitert. Wissensbildung und Persönlichkeitsentwicklung findet auch fernab eines Büros statt. So schätzen Personalchefs natürlich berufliche Weiterbildung in der Auszeit, aber auch die weicheren Skills wie soziales Engagement und interkulturelle Kompetenz.

Firmen, die Auszeiten gewähren, sind attraktiver Der Fachkräftemangel in Deutschland bringt die Unternehmen zum Umdenken. Sie merken, dass sie ihren Mitarbeitern etwas bieten müssen, um qualifizierte Arbeitnehmer zu behalten. Für die heute 20- bis 45-Jährigen sind andere Faktoren wichtig als für frühere Generationen. Die Balance zwischen Job und Freizeit ist oft mehr wert als ein höheres Gehalt.

Ein Sabbatical ist eine Gesundheitsprävention Auch der engagierteste Mensch kommt im Berufsleben einmal an seine Grenzen. Ein Sabbatical hilft dabei, aus dem Hamsterrad auszusteigen und die Akkus wieder richtig aufzuladen. Beruflicher Stress kann sich abbauen, und die Leistungsfähigkeit wird gesteigert. Das alles hat positive Auswirkungen auf die Gesundheit, was wiederum dem Arbeitgeber nützt. Krankheitsausfälle durch Burnout sind nämlich eine hohe wirtschaftliche Belastung für jedes Unternehmen.

Sabbatical in Österreich

Auch in Österreich wächst die Anzahl der Menschen, die sich ein Sabbatical wünschen. Die Gründe für einen Auszeitwunsch sind denen in Deutschland ähnlich. Die Pläne, was Österreicher in dieser freien Zeit machen wollen, weisen ebenfalls viele Gemeinsamkeiten auf.

Gibt es einen Rechtsanspruch auf ein Sabbatical?

In Österreich gibt es keinen Rechtsanspruch auf ein Sabbatjahr. Die Vereinbarung eines Sabbaticals ist grundsätzlich eine freiwillige Sache von beiden Seiten, Arbeitgeber und Arbeitnehmer. Manche Kollektivverträge bieten die Möglichkeit eines Sabbaticals. Aber auch diese enthalten eine Genehmigungsklausel und sind auf die Zustimmung des Arbeitgebers angewiesen.

Natürlich müssen auch bei diesem recht freien Gestaltungsspielraum die Bestimmungen des Arbeitsrechts eingehalten werden. Tägliche Höchststundenzahlen dürfen nicht überschritten werden und auch die Zahlung der Sozialversicherungsbeiträge darf nicht eingestellt werden.

Arbeitgeber müssen bei ihrer Entscheidung das Gleichbehandlungsgebot für alle Mitarbeiter im Unternehmen beachten. Sie können jedoch in begründeten Fällen Personengruppen von einem Sabbatical ausschließen.

Einige Kollektivverträge beinhalten Vorlagen oder Mustervereinbarungen, die dem jeweiligen Bedarf entsprechend angepasst werden können. Erkundigen Sie sich, ob es solche Regelungen in Ihrem Unternehmen gibt.

Der öffentliche Dienst in Österreich sieht ausdrücklich die Möglichkeit für Angestellte vor, ein Sabbatical zu nehmen. Wer im öffentlichen Dienst angestellt ist, sollte sich daher direkt bei seiner Dienstelle nach etwaigen Rahmenbedingen erkundigen.

Auch hier gilt die Einschränkung, dass aus »wichtigen betrieblichen Gründen« ein Antrag abgelehnt werden kann.

Die Bestimmungen dazu finden Sie unter www.ris.bka.gv.at und dort unter »Bundesrecht« beziehungsweise unter »Bundesrecht konsolidiert« mit dem Suchwort »Sabbatical« (§ 78e Beamten-Dienstrechtsgesetz).

In Österreich gibt es gesetzlich geregelte und zweckgewidmete Auszeiten wie die Bildungskarenz, die Pflegekarenz oder Elternkarenz. Informationen dazu finden Sie unter www.oesterreich.gv.at.

Welche Sabbatical-Modelle gibt es?
In Österreich werden zwei Modelle mit größerer Beliebtheit eingesetzt.

Das Ansparen von Zeitguthaben In einer Vorbereitungsphase sammeln Mitarbeiter über einen festgelegten Zeitraum Überstunden auf einem Konto. Mit diesen Stunden wird die Freizeitphase aufgebaut, in der die gesammelten Überstunden aufgebraucht werden und Mitarbeiter eine normale Lohnfortzahlung erhalten und von der Arbeitsleitung freigestellt sind. Man kann es auch als eine Art verschobener Zeitausgleich bezeichnen.

Dieses Modell ist recht einfach zu handhaben und kann in auftragsschwachen Zeiten für beide Seiten sinnvoll sein. Beachtet werden müssen dabei allerdings auch Höchstarbeitszeitgrenzen und Vorgaben der Arbeitszeitgesetze. Die Zehn-Stunden-Grenze muss auch hier eingehalten werden und erschwert es, in kurzer Zeit viele Überstunden aufzubauen.

Günstig ist dieser Weg für Mitarbeiter, die ein relativ kurzes Sabbatical wünschen oder auf eine ausreichende finanzielle Fortzahlung angewiesen sind.

Mitarbeiter müssen für sich selbst einschätzen, ob sie die zusätzliche Arbeitsbelastung über eine lange Vorbereitungsphase hinweg durchstehen wollen. Arbeitnehmer mit »All-in-Verträgen« können dieses Modell nicht nutzen, sie können keine Überstunden ansammeln.

Reduktion des Entgelts Das zweite Modell zur Umsetzung eines Sabbaticals ist die zeitlich festgelegte Reduktion des Entgelts. Bei dieser Version erhält der Arbeitnehmer während eines vereinbarten Zeitraumes bei gleichem Arbeitsumfang weniger Gehalt, welches dann während der Freizeitphase ausgezahlt wird.

In diesem Modell wird ein Entgeltguthaben erarbeitet, aus dem der Mitarbeiter während seiner Auszeit weiterbezahlt werden kann. So könnte jemand über ein Jahr bei gleicher Normalarbeitszeit auf ein Drittel seines Gehaltes verzichten, um dann im darauffolgenden halben Jahr bei zwei Drittel seines Bezuges von der Arbeitsleistung freigestellt zu werden.

Kündigung

Manche Menschen wissen bereits, dass sie nicht mehr in der alten Firma weiterarbeiten wollen. Dann kann es der richtige Schritt sein, zu kündigen und in der Übergangsphase ein Sabbatical einzulegen. Vor dieser Entscheidung sollten Sie jedoch sicher sein, dass Sie über genügend Geld für die Auszeit verfügen.

Wichtig ist auch zu beachten, dass Sie, wenn Sie das Arbeitsverhältnis selber kündigen, von der AMS (Arbeitsmarktservice) für vier Wochen gesperrt werden können und in dieser Zeit auch keinerlei Anspruch auf Arbeitslosengeld haben. Also sollte Ihr finanzielles Polster auch noch für eine Jobsuche nach der Auszeit ausreichen.

Was gehört in eine Sabbatical-Vereinbarung?

Alle Vereinbarungen sollten optimalerweise schriftlich festgehalten werden. Damit das Sabbatical für beide Seiten reibungslos ablaufen kann, ist es hilfreich, die folgenden wesentlichen Punkte zu klären.

- Beginn und Ende der vereinbarten Vorbereitungs- und Freizeitphasen
- Entgelt während der Vorbereitungsphase und beim Ansparmodell die Mehrarbeits- und Überstundenzuschläge
- Entgelt während der Freizeitphase
- Vereinbarung zum Kündigungsschutz
- Umfang der Arbeitszeit in der Vorbereitungsphase
- Vertretungsregelung während der Freizeitphase
- Urlaubsanspruch während der Freizeitphase
- Verbot von Nebentätigkeiten während der Freizeitphase
- Nutzung von Firmeneigentum während des Sabbaticals
- Gestaltung des Kontakts zwischen Arbeitgeber und Arbeitnehmer während der Freizeitphase
- Gültigkeitsdauer der Vereinbarung (beispielsweise bis zum Ende der Freizeitphase)
- Wichtige Gründe für eine Änderung oder vorzeitige Beendigung der Vereinbarung
- Regelung für die Zeit nach dem Sabbatical wie beispielsweise ein

Vorbehalt des Unternehmens, dass Mitarbeiter nach der Freizeit-phase auf einem anderen, vergleichbaren Arbeitsplatz eingesetzt werden können.

Wer sich intensiver mit der Vertragsgestaltung beschäftigen will, findet im Kapitel 6 weitere Hinweise.

Wie überzeugen Sie Ihren Arbeitgeber?

Ohne einen Rechtsanspruch auf ein Sabbatical sind Sie auf die Zustim-mung Ihres Unternehmens angewiesen. Ob Ihr Sabbatical genehmigt wird, hängt also maßgeblich von einer geglückten Kommunikation und Argumentation zwischen Ihnen und Ihrem Arbeitgeber ab. Im Kapitel 5 finden Sie Strategien, wie Sie sich auf die Kommunikation mit Ihrem Arbeitgeber vorbereiten können und gute Argumente, um Ihr Unter-nehmen vom Wert eines Sabbaticals zu überzeugen.

Weitere Informationen zum Thema Sabbatical in Österreich finden Sie hier:

www.foerderportal.at/sabbatical/#wer_kann_ein_sabbatical_nehmen
www.ris.bka.gv.at

Sabbatical in der Schweiz

Sabbaticals in der Schweiz sind beliebt: Fast die Hälfte der über 45-Jäh-rigen würden gerne erstmals oder nochmals eine berufliche Auszeit nehmen, um eine Pause im stressigen Job einzulegen, eine Auszeit für eine berufliche Neuorientierung zu nutzen oder sich persönli-che Wünsche und Träume zu erfüllen. Auch im öffentlichen Dienst entscheiden sich immer mehr Arbeitnehmer und Mitarbeiter dafür, eine Auszeit zu nehmen. Das können ein paar Monate oder auch ein ganzes Jahr sein.

Gibt es einen Rechtsanspruch auf ein Sabbatical?

Einen Rechtsanspruch auf ein Sabbatical in der Schweiz gibt es nicht. Es gibt größere Firmen, die Mitarbeitern unter besonderen Voraussetzungen die Möglichkeit bieten, eine mehrmonatige Auszeit zu nehmen. Abhängig ist dies von verschiedenen Faktoren wie die bislang geleistete Dienstzeit und ein bestimmtes Entgelt. Das Sabbatical selbst ist unbezahlt und erfolgt auf eigene Kosten. Staatsangestellte können eine Auszeit erhalten, wenn sie ein bestimmtes Dienstalter erreicht haben. Auskunft erhalten Sie bei Ihrer Personalstelle oder der Arbeitnehmervertretung.

Ein Sabbatical können Sie über eine individuelle Vereinbarung mit dem Arbeitgeber realisieren. Durch die sozialrechtliche Absicherung von flexiblen Arbeitszeiten sowie Teilzeitarbeit und befristete Verträge gibt es für Berufstätige die Möglichkeit, ein Sabbatjahr zu machen. Gerade größere Firmen sehen das Sabbatical als eine positive Auszeit an.

Um die Auszeit richtig genießen zu können, müssen sich die Arbeitnehmer aber gut darauf vorbereiten. Denn mit einem Sabbatical geht nicht nur der Lohn vorübergehend verloren, sondern eventuell auch der mit der Erwerbstätigkeit einhergehende Versicherungsschutz.

Fragen Sie deshalb ruhig nach, ob Ihr Unternehmen ein Sabbatical unterstützt und welche Voraussetzungen dafür notwendig sind. Wichtig ist hierbei eine gute Kommunikation mit Ihrem Arbeitgeber. Mögliche Ansprechpartner sind die Personalstelle oder auch die Arbeitnehmervertretung.

Welche Sabbatical-Modelle gibt es?

Das Ansparen von Zeitguthaben Diese Option zählt mittlerweile zu den beliebtesten Sabbatical-Modellen und ist für kürzere Auszeiten gut geeignet. Sparen Sie Überstunden über einen längeren Zeitraum auf einem Arbeitszeitkonto an. Nutzen Sie dann die Überstunden für eine Freistellung in einem Block für ein Sabbatical. Und weil die geleisteten Überstunden nicht ausbezahlt wurden, sind Sie in Ihrem Sabbatical weiterhin versichert und werden bezahlt.

Sabbatical durch Teilzeitarbeit Bei diesem Modell wird zwischen Arbeitgeber und Arbeitnehmer eine zeitlich befristete Teilzeitbeschäftigung vereinbart. Damit erhalten die Arbeitnehmer während eines vereinbarten Zeitraumes bei gleichem Arbeitsumfang weniger Gehalt, welches dann während der Freizeitphase ausgezahlt wird.

So wird ein Entgeltguthaben erarbeitet, aus dem die Mitarbeiter während ihrer Auszeit weiterbezahlt werden können. So könnte jemand über ein Jahr bei gleicher Normalarbeitszeit auf ein Drittel seines Gehaltes verzichten, um dann im darauffolgenden halben Jahr bei zwei Drittel seines Bezuges von der Arbeitsleistung freigestellt zu sein.

Voraussetzung für die Teilzeitarbeit ist in der Regel, dass ein Mitarbeiter bereits mehr als sechs Monate im Betrieb angestellt ist.

Sabbatical durch Freistellung ohne Gehalt Bei dieser Sabbaticaloption werden Mitarbeiter von der Arbeit unbezahlt freigestellt. Die gewünschte Auszeit ist hier theoretisch unbegrenzt lange realisierbar, da es sich um ein ruhendes Arbeitsverhältnis handelt. Wichtig: Bei einer unbezahlten Freistellung, die länger als einen Monat dauert, müssen Sie sich selbst um Kranken-, Pflege-, Renten- und Arbeitslosenversicherung kümmern.

Zusammen mit einem vollen Jahresurlaub plus einen Monat Freistellung können Sie sich schon ein kleines Sabbatical von zwei Monaten gestalten.

Kündigung Manche Menschen wissen bereits, dass sie nicht mehr in der alten Firma weiterarbeiten wollen. Dann kann es der richtige Schritt sein zu kündigen und in der Übergangsphase ein Sabbatical einzulegen. Vor dieser Entscheidung sollten Sie jedoch sicher sein, dass Sie über genügend Geld für die Auszeit verfügen.

Wichtig ist auch zu beachten, dass Sie, wenn Sie das Arbeitsverhältnis selber kündigen, von der Arbeitsagentur für bis zu drei Monate gesperrt werden können und in dieser Zeit auch keinerlei Anspruch auf Arbeitslosengeld haben. Also sollte Ihr finanzielles Polster auch noch für eine Jobsuche nach der Auszeit ausreichen.

Was gehört in eine Sabbatical-Vereinbarung?

Alle Vereinbarungen sollten optimalerweise schriftlich festgehalten werden. Damit das Sabbatical für beide Seiten reibungslos ablaufen kann, ist es hilfreich, die folgenden wesentlichen Punkte zu klären:

- Beginn und Ende der vereinbarten Vorbereitungs- und Freizeitphasen
- Entgelt während der Vorbereitungsphase und beim Ansparmodell die Mehrarbeits- und Überstundenzuschläge
- Entgelt während der Freizeitphase
- Vereinbarung zum Kündigungsschutz
- Umfang der Arbeitszeit in der Vorbereitungsphase
- Vertretungsregelung während der Freizeitphase
- Urlaubsanspruch während der Freizeitphase
- Verbot von Nebentätigkeiten während der Freizeitphase
- Nutzung von Firmeneigentum während des Sabbaticals
- Gestaltung des Kontakts zwischen Arbeitgeber und Arbeitnehmer während der Freizeitphase
- Gültigkeitsdauer der Vereinbarung (beispielsweise bis zum Ende der Freizeitphase)
- Wichtige Gründe für eine Änderung oder vorzeitigen Beendigung der Vereinbarung
- Regelung für die Zeit nach dem Sabbatical wie beispielsweise ein Vorbehalt des Unternehmens, dass Mitarbeiter nach der Freizeitphase auf einem anderen, vergleichbaren Arbeitsplatz eingesetzt werden können.

Wer sich intensiver mit der Vertragsgestaltung beschäftigen will, findet im Kapitel 6 weitere Hinweise.

Wie überzeugen Sie Ihren Arbeitgeber?

Ohne einen Rechtsanspruch auf ein Sabbatical sind Sie auf die Zustimmung Ihres Unternehmens angewiesen. Ob Ihr Sabbatical genehmigt wird, hängt also maßgeblich von einer geglückten Kommunikation und Argumentation zwischen Ihnen und Ihrem Arbeitgeber ab. Im Kapitel 5 finden Sie Strategien, wie Sie sich auf die Kommunikation mit

Ihrem Arbeitgeber vorbereiten können, und gute Argumente, um Ihr Unternehmen vom Wert eines Sabbaticals zu überzeugen.

Weitere Informationen zum Thema Sabbatical in der Schweiz, Fragen zu Versicherungen und Ideen für eine Auszeit unter:

www.Comparis.ch
www.efswiss.ch
www.Icye.ch

Literatur: Das Fachbuch *Sabbatical – Anreiz für wen?* veröffentlicht die Ergebnisse einer breit abgestützten Studie über flexible Arbeitsmodelle von Professor Dr. Sebastian Wörwag und Professorin Dr. Alexandra Cloots, erschienen 2018.

5. Chef, wir müssen reden

- ➢ Die richtige Strategie
- ➢ Die Vorbereitung auf das Gespräch
- ➢ Vier entscheidende Fragen
- ➢ Ihr Chef lehnt ab – was jetzt?
- ➢ Die größten Fehler, die Sie vermeiden sollten
- ➢ Und es geht doch – ein Coachingbeispiel

Jetzt wird es spannend, denn es geht um die Kernfrage, wie Sie Ihren Chef überzeugen können, Ja zu Ihrem Sabbatical zu sagen.

Wir leben in einer Zeit, in der viele Menschen Sorgen haben, ob sie ihren Arbeitsplatz behalten werden und wie ihr Unternehmen die von großen Veränderungen geprägten Zeiten meistert. Und dann komme ich daher und sage Ihnen:»Trauen Sie sich!« Bin ich eine Träumerin?

Das wäre ich, wenn ich nicht zutiefst davon überzeugt wäre, dass ein Sabbatical ein Gewinn für Ihre Firma und für Sie ist. Haben Sie den Mut, sich und Ihrem Leben etwas Freiheit zu schenken. Und kämpfen Sie dafür – denn wir alle wissen: Für das Leben gibt es keine zweite Chance.

Vielleicht ist der Begriff Sabbatical in Ihrem Unternehmen noch nicht bekannt und Sie sind Vorreiter mit dem Wunsch nach einer Auszeit. Dann kann bei den Personalverantwortlichen große Unsicherheit darüber herrschen, wie hoch der organisatorische Aufwand ist. Auch das kann zu einer ablehnenden Haltung führen. Genau deshalb ist es wichtig, sich vorzubereiten. Ich möchte Ihnen hier hilfreiche Argumente mit auf den Weg geben.

Bevor wir in die Argumente einsteigen, überlegen Sie bitte, wer Ihre Ansprechpartner sind. Je nach Größe eines Unternehmens haben Sie vermutlich nicht nur einen Chef, der gleichzeitig Firmeninhaber und damit Personalverantwortlicher ist, sondern mehrere. Neben einem direkten Chef gibt es vielleicht eine Abteilungsleitung und in der Verwaltung ein Personalreferat, das beteiligt werden muss. Wo können Sie beginnen? Wer sind die Entscheidungsträger? Vielleicht müssen Sie sogar Gespräche mit mehreren Ansprechpartnern führen.

In den meisten Fällen ist es sinnvoll, mit dem direkten Vorgesetzten zu beginnen, denn dessen Einverständnis ist in der Regel für jede Personalabteilung die Voraussetzung für eine Zustimmung. Haben Sie Ihren direkten Vorgesetzten auf Ihrer Seite, ist vermutlich die größte Hürde genommen. Ich verwende in diesem Kapitel abwechselnd die Begriffe Chef, Vorgesetzte oder Personalchef und meine damit immer die Person, die für Sie Ansprechpartner ist. Lassen Sie sich dadurch nicht verwirren.

Die richtige Strategie

Das Virus Sabbatical hat Sie so richtig infiziert hat und Sie haben begeisternde Bilder von der Auszeit im Kopf. Jetzt ist Vorsicht angesagt, denn die Versuchung ist groß, allen davon zu erzählen. Oft kommt uns nicht in den Sinn, dass nicht jeder – und schon gar nicht ein Personalchef – vor Freude jubelt, wenn Sie ihn mit dem Wunsch überraschen, für sechs Monate oder ein Jahr für ein Sabbatical auszufallen. Atmen Sie also erst einmal ruhig durch. Für die Vorbereitung auf das Gespräch mit Ihrem Chef gibt es eine Strategie und gute Argumente.

Bevor Sie um einen Gesprächstermin mit Ihrem Chef bitten, ziehen Sie möglichst viele Erkundigungen ein:

- Finden Sie heraus, welche Arbeitszeitmodelle es in Ihrer Firma gibt, und wer möglicherweise schon vor Ihnen eine Auszeit genommen hat. Ansprechpartner können der Betriebsrat und auch Kollegen sein.
- Wie steht Ihr Chef zum Thema Sabbatical?
- Wann wäre ein guter Zeitpunkt für ein Gespräch mit dem Chef?

Wenn es um das Gespräch mit dem Chef geht, tun sich viele Menschen schwer. Einen absolut richtigen Zeitpunkt dafür gibt es nicht. Im Idealfall kommen für einen passenden Zeitpunkt drei Dinge zusammen:

- Sie haben sich mit guten Argumenten auf das Gespräch vorbereitet.
- Sie beziehungsweise Ihr Team haben in letzter Zeit gute Leistungen gezeigt.
- Ihr Chef ist »gut drauf«.

Überlegen Sie, wann ein guter Zeitpunkt für Ihr Anliegen wäre, und vereinbaren Sie einen festen Termin, damit sich auch Ihr Chef Zeit für das Gespräch nehmen kann. Gehen Sie selbstbewusst und ruhig in das Gespräch hinein, und überlegen Sie sich vorher, wo Sie Kompromisse eingehen können. Sind Sie bei der Dauer der Auszeit beweglich? Könnten Sie den Beginn verschieben oder die Auszeit kürzen?

Wichtig ist, dass Sie sich vorher nicht entlocken lassen, worum es bei dem Gespräch gehen soll. Bleiben Sie ruhig vage, dass es sich um eine persönliche Angelegenheit handelt. Denn nichts ist schlimmer als ein Chef mit einer vorgefassten und vielleicht ablehnenden Meinung.

Es ist kein guter Zeitpunkt für ein Gespräch, wenn Ihr Chef schlechte Laune hat oder Ihnen in den letzten Tagen ein dicker Fehler unterlaufen ist. Dann warten Sie lieber auf einen günstigen Zeitpunkt. Schieben Sie das Gespräch aber nicht endlos auf. Ein Sabbatical braucht nämlich einen längeren Vorlauf, manchmal zwei bis drei Jahre.

Die Vorbereitung auf das Gespräch

Egal, welche Fragen oder Vorbehalte auftauchen, Sie können Ihren Chef dann überzeugen, einem Sabbatical zuzustimmen, wenn auch Ihre Firma einen Nutzen oder einen Gewinn davon hat. Und weil ein Sabbatical immer eine Ermessensentscheidung ist, sollten Sie die Sorgen und Befürchtungen des Arbeitgebers kennen und auch darauf eingehen können. Das gelingt, wenn Sie die Sicht Ihres Unternehmens mit in die Argumentation einbeziehen.

Schaffen Sie sich einen roten Faden für das Gespräch, so vergessen Sie keinen Aspekt, der Ihnen wichtig ist. Sie haben ja bereits viele Fragen recherchiert und jetzt strukturieren Sie Ihre Argumente. Machen Sie sich Notizen mit Ihren Begründungen und auch möglichen Antworten auf Gegenargumente. Schreiben Sie Ihre Überlegungen und Ziele auf. Überlegen Sie sich auch eine sinnvolle Reihenfolge der Argumente – nennen Sie nicht das beste Argument zuerst.

Eine andere Methode ist, sich die Argumente laut vorzusprechen. Alle Smartphones haben eine App für Sprachmemos. So können Sie sich Ihre Argumente anhören und feststellen, wo Sie noch unsicher wirken.

Tipp: Führen Sie dieses Gespräch mit einem vertrauten Menschen und lassen Sie sich Feedback geben, wo Sie oder die Argumente noch kraftvoller werden können oder noch nicht durchkommen.

Der Dreh- und Angelpunkt einer guten Gesprächsvorbereitung ist, dass Sie selbst vom Wert Ihres Sabbaticals und Ihren Gründen überzeugt sein müssen. Wenn Sie noch Zweifel haben, ob Ihr Chef Ja sagen wird, fragen Sie sich selbst: »Wenn ich mein Chef wäre, wann würde ich ja sagen? Was fehlt mir noch?« Dann fallen Ihnen bestimmt die Punkte und Argumente ein, die Sie noch ansprechen sollten.

Gehen Sie erst dann in das Gespräch hinein, wenn Sie selbst überzeugt sind. Ihre Einstellung ist: Jetzt kann er nur Ja sagen. Und wenn er Nein sagen will, überzeuge ich ihn mit den Vorteilen, die das Unternehmen davon hat.

Wenn Sie das Bedürfnis haben, sich noch intensiver auf solch ein Gespräch vorzubereiten, Ihre innere Überzeugung zu stärken und authentisch zu argumentieren, suchen Sie sich einen Coach, um sich individuell unterstützen zu lassen.

Kommen wir jetzt zu den Argumenten an sich. Wenn ein Mitarbeiter in einem Unternehmen längere Zeit ausfällt, dann stehen Personalchefs schnell vor größeren Schwierigkeiten. Gibt es einen Ersatz? Wie kann die Arbeit aufgefangen werden? Was kostet es das Unternehmen? Diese und viele weitere Fragen stehen dann im Raum. Es ist also verständlich, dass ein Chef diesen Aufwand nur dann auf sich nehmen wird, wenn die Firma davon ebenfalls profitiert. Wenn Sie also Ihren Personalchef für Ihren Auszeitwunsch gewinnen wollen, ist es sinnvoll, sich in seine Position hineinzuversetzen und sich mit den möglichen Schwierigkeiten zu beschäftigen, die zwischen Ihrem Wunsch nach einem Sabbatical und seinem Wunsch nach einem möglichst reibungslosen Arbeitsablauf liegen.

Ein Vorteil eines Sabbaticals ist der zeitliche Vorlauf von ein bis drei Jahren. Dadurch ist es für den Personaleinsatz planbar. Ein Sabbatical hat aber noch mehr Pluspunkte und zu denen kommen wir jetzt.

Vier entscheidende Fragen

Für ein erfolgreiches Gespräch mit Ihrem Chef beschäftigen Sie sich mit den folgenden vier Fragen:

1. Welcher Gewinn liegt für Sie *und* Ihr Unternehmen im Sabbatical?
2. Welchen Nutzen hat die Firma nach Ihrem Sabbatical von Ihnen?
3. Was passiert mit dem Arbeitsplatz in der Zeit des Sabbaticals?
4. Wann wollen Sie ein Sabbatical nehmen?

Wenn Ihnen spontan Argumente einfallen, machen Sie sich Notizen in der folgenden Abbildung. Vielleicht gibt es schon eine Tendenz, welche Bausteine für Ihr Gespräch wichtig sein können.

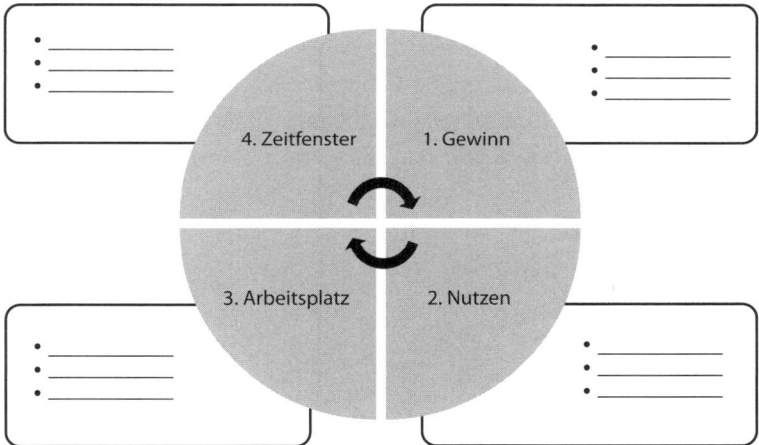

Antworten auf vier entscheidende Fragen finden

Gewinn

Neben all den Dingen, die für Sie ganz persönlich den Gewinn von einem Sabbatical ausmachen, gibt es auch Fähigkeiten und Erkenntnisse, die für eine Firma so interessant sind, dass sie bereit ist, ein Sabbatical zu unterstützen. Hier ein paar Beispiele:

- *Fachkenntnisse:* Sie sind für Ihre Firma immer interessant. Im Rheinland befindet sich meiner Meinung nach das beste spanische

Restaurant nördlich der Pyrenäen. Den Inhaber kenne ich seit über zehn Jahren. Er ist gebürtiger Spanier und als Kind nach Deutschland gekommen. Bevor er sein Restaurant eröffnet hat, ist er mehrere Monate durch Spanien gereist auf der Suche nach landestypischen Rezepten. Überall dort, wo ihm etwas besonders geschmeckt hat, hat er nach den Rezepten gefragt oder dort sogar mitgekocht, um sie zu lernen. Und ich kann Ihnen sagen, ich kenne keinen anderen Spanier, bei dem alles, egal ob Tapas oder andere Gerichte, so unvergleichlich gut schmeckt. Die Rezepte sind nicht nur aus einer Region Spaniens, er hat die besten des Landes zusammengetragen.

- *Kompetenzbereich:* Wo erweitert sich Ihr Kompetenzbereich? Und hat Ihr Chef auch einen Nutzen davon oder steigert es den Marktwert des Unternehmens? Vielleicht planen Sie eine berufliche Weiterbildung und wollen beispielsweise ein spezielles IT-Verfahren lernen oder eine neue Therapieform für erkrankte Kinder. Mit neuem Wissen erweitern Sie Ihren Kompetenzbereich, und wenn Sie es nach der Auszeit in Ihrem Arbeitsbereich anwenden können, profitiert auch Ihr Unternehmen davon.
- *Sprachen:* Wenn Sie beispielsweise sechs Monate in China leben möchten und währenddessen Mandarin lernen, ist das ein Plus für Ihren Arbeitgeber, wenn Sie mit Kunden aus dieser Sprachgegend zu tun haben oder sich neu dorthin spezialisieren wollen.
- *Interkulturelle Kompetenz:* Sprach- und Landeskenntnisse erweitern Ihre interkulturelle Kompetenz und vielleicht kommt das einem geplanten größeren Projekt Ihres Unternehmens zugute. Das ist fachlich ein Gewinn für ein Unternehmen.
- *Soft Skills:* Auch die Pflege von Angehörigen wirkt sich als Erfahrung für den Arbeitgeber positiv aus. Jemand, der eine solche Aufgabe übernimmt, beweist große Belastbarkeit, und eine Pflegesituation verlangt von den Angehörigen ein enormes Maß an Anpassungsfähigkeit und Einsatz. Das sind alles soziale Faktoren, sogenannte Soft Skills, die im Arbeitsleben gefordert sind.
- *Vorbeugung von Burnout:* Auch hier profitiert der Arbeitgeber. Denn keiner hat etwas davon, wenn Sie krankheitsbedingt eine längere Zeit ausfallen.

Nutzen

Eines ist klar, Unternehmen können sich in diesen schwierigen Zeiten nur dann nachhaltig am Markt behaupten, wenn sie auf die vollen Ressourcen ihrer Mitarbeiter zurückgreifen können. Die Frage ist also: Welche innere Kräfteressourcen haben denn meine Mitarbeiter und Angestellten, sind sie mit Energie und Zuverlässigkeit dabei? Damit sind wir beim zweiten Baustein unserer Strategie, dem Nutzen eines Sabbaticals für ein Unternehmen:

- Ein Sabbatical mit einer selbst finanzierten Weiterbildung schenkt dem Unternehmen Kompetenzgewinn. Durch neu erworbenes Wissen kann der Mitarbeiter neue Aufgaben übernehmen.
- Nach einer Auszeit sind die Mitarbeiter erholt und wieder kreativ bei der Sache. Viele Menschen berichten nach einem Sabbatical, dass sie nicht nur wieder voller Power seien, sondern dass sich ihre Energie sogar vervielfacht habe. Sie stellen es daran fest, wie locker sie berufliche Herausforderungen meistern und dass auch der Spaß an der beruflichen Aufgabe wieder da ist.
- Mitarbeiter, denen ein Sabbatical genehmigt wurde, wissen dieses Entgegenkommen sehr zu schätzen. Sie fühlen sich durch den Arbeitgeber emotional unterstützt und stärker an das Unternehmen gebunden.
- Eine Firma, die ihren Mitarbeitern die Möglichkeit eines Sabbaticals gibt, gewinnt in der Außenwahrnehmung deutlich an Attraktivität. Viele Unternehmer klagen über fehlende Fachkräfte. Meinen Sie nicht auch, dass eine Firma, die ihren Mitarbeitern Auszeiten gewährt, für den Arbeitsmarkt interessanter wird?
- Auftragsschwache Zeiten lassen sich mit Sabbaticals gezielt nutzen, um Kosten einzusparen und Überkapazitäten abzubauen.
- Auszeiten sind eine Möglichkeit, die Überstunden der letzten Jahre abzubauen.

Arbeitsplatz

Der dritte Baustein befasst sich mit der Frage, die für einen Arbeitgeber die wichtigste ist: Wie wird die Arbeit während der Auszeit bewältigt?

Beschäftigen Sie sich mit Ihrem Arbeitsbereich. Welche Lösungen sind möglich, damit Ihre Arbeit während der Abwesenheit bewältigt wird? Erkundigen Sie sich danach, ob Kollegen bereits ein Sabbatical gemacht haben und wie es innerbetrieblich geregelt wurde. Auch wenn es nicht Ihre Aufgabe ist, ist es dennoch wichtig, sich diese Frage genau anzusehen und selbst initiativ zu werden. Überlegen Sie sich ruhig Vorschläge, auch Alternativen.

- Gibt es Kollegen, die Sie vertreten können, oder kann Arbeit umverteilt werden?
- Kommt jemand aus einer Elternzeit zurück und kann Ihre Arbeit übernehmen?
- Kann jemand befristet eingestellt werden, den Sie einarbeiten könnten? Ein Unternehmen spart beispielsweise Lohnkosten bei einem Sabbatical, für die eine Zeitarbeitskraft eingesetzt werden könnte.
- Sprechen Sie mit Kollegen und Kolleginnen über Ihr Vorhaben. Gibt es jemanden, der Ihre Aufgaben während Ihrer Auszeit vorläufig oder teilweise mit übernehmen kann? So wird es leichter, Ihren Vorgesetzten von einer Auszeit zu überzeugen. Seien Sie aber nicht zu eifrig, und machen Sie sich nicht ganz entbehrlich.

Zeitfenster

Wann wollen Sie die Auszeit nehmen? Gehen Sie in Ihren Überlegungen auch diese Frage aus der Sichtweise Ihres Chefs an. Überlegen Sie, mit welchen Vorbehalten Sie rechnen müssen und wie Sie sie überzeugend entkräften können.

Wann ist die Auszeit für Ihr Unternehmen mit dem geringsten Aufwand verbunden? Vielleicht beantragen Sie Ihr Sabbatical in einer auftragsschwachen Zeit oder wenn sich ein Großprojekt um ein paar Monate verschiebt. So kann Ihr Unternehmen die personellen Ressourcen flexibler einsetzen, und beide Seiten profitieren davon. Für eine Auszeit bietet sich auch ein Zeitraum nach dem erfolgreichen Abschluss eines Projektes an.

All diese Überlegungen helfen Ihnen, eine sichere Basis für das Gespräch aufzubauen und mit Selbstvertrauen hineinzugehen.

Fazit: Das Gespräch mit Ihren Vorgesetzten ist der wichtigste Moment nach Ihrer Entscheidung für ein Sabbatical. Eine Zustimmung für Ihr Sabbatical bekommen Sie nur dann, wenn Ihr Unternehmen einen Vorteil davon hat. Finden Sie also die Vorteile für Ihre Firma. Alle aufgezählten Argumente sind Hilfestellung und Anregungen, die Sie inspirieren sollen, genau die Vorteile zu finden und anzusprechen, die aus der Sicht Ihres Unternehmens Pluspunkte für eine Auszeit sind.

Ihr Chef lehnt ab – was jetzt?

Das ist ein bitterer Moment, doch Aufbegehren, Zornigwerden oder Betteln sind keine guten Optionen. Wenn der erste Moment der Enttäuschung vorbei ist, überlegen Sie: Wie hat das Nein geklungen? Klang es endgültig und entschieden? Oder war es eher ein »Jetzt nicht, vielleicht später«? Halten Sie sich eine Tür offen und beenden Sie das Gespräch damit, dass Sie in einem halben Jahr oder Jahr noch einmal auf Ihren Chef zukommen wollen. Bleiben Sie ruhig und beharrlich. Es geht schließlich um Ihren Traum. Und manchmal liegen größere Hindernisse dazwischen, die den Weg beschwerlich machen.

Was können Sie tun, wenn das Nein endgültig ist. Es gibt leider Firmen, die alles kategorisch ablehnen, was die Norm sprengt. Dann haben Sie immer noch drei Möglichkeiten:

1. Das Nein akzeptieren, weitermachen und sparen. Wie fühlt es sich für Sie an, wenn Sie sich vorstellen, einfach zu akzeptieren, was ist, und so weiterzumachen wie bisher. Ist der Gedanke furchtbar und enttäuschend? Wenn das der Fall sein sollte, lautet mein Tipp: Sparen Sie 25 bis 30 Prozent Ihres Nettogehaltes (es darf auch gerne mehr sein) und setzen Sie sich einen Zeitpunkt, an dem Sie ein solches finanzielles Polster haben, um auch ohne Lohnfortzahlung ins Sabbatical zu gehen. Das ist ein guter Zeitpunkt für ein neues Gespräch mit dem Chef. Es wird sich einiges verändert haben. Vielleicht gibt es einen anderen Chef oder der bisherige Chef ist von Ihrer Zielstrebigkeit beeindruckt.

Entscheidend ist, dass Sie sich dann eine finanzielle Unabhängigkeit erschaffen haben und mit dieser inneren Stärke in das Gespräch gehen können.

2. Erreichbarkeit vorschlagen. Denkbar ist, dass Sie als Experte im Unternehmen zu bestimmten Zeiten schwer zu ersetzen sind. Einerseits ist es toll, so unentbehrlich zu sein. Andererseits legt Ihnen genau das die Fußfessel an. Vielleicht wäre es ein Kompromiss, für bestimmte wichtige Termine oder Phasen eines Projektes erreichbar zu sein, auch während des Sabbaticals. Überlegen Sie für sich, welcher zeitliche Umfang für Sie akzeptabel wäre und wann der Sinn Ihrer Auszeit unter Umständen verloren ginge.

3. Sich einen neuen Job suchen und die Zeit dazwischen fürs Sabbatical nutzen. Wie gut, dass sich der Fachkräftemangel auch positiv auswirken kann. Es gibt inzwischen deutlich mehr Arbeitgeber, die Sabbaticals anbieten. Wenn Sie also sowieso unzufrieden an Ihrem Arbeitsplatz sind, schauen Sie sich auf dem Arbeitsmarkt um. Vielleicht nutzen Sie auch eine zeitliche Lücke bis zum Beginn einer neuen Arbeitsstelle für eine Auszeit.

Die größten Fehler, die Sie vermeiden sollten

Mangelnde oder zu kurze Vorbereitung: Nehmen Sie sich Zeit, Ihre Strategie und Ihre Argumente vorzubereiten. Informieren Sie sich, wer Ihr Ansprechpartner ist. Wenn Sie Ihr Anliegen vielleicht nur mit der Personalabteilung klären müssen, könnte sich Ihr direkter Vorgesetzter übergangen fühlen, wenn Sie ihn nicht informieren. Dann wäre er wenig motiviert, Sie zu unterstützen. Bedenken Sie, dass oft die Einwilligung der Personalabteilung in ein Sabbatical vom Einverständnis des direkten Vorgesetzten abhängig ist.

Schlechtes Timing: Auch der Zeitpunkt, den Sie für Ihr Gespräch wählen, kann entscheidend sein. Überfallen Sie Ihren Vorgesetzten oder Personalchef nicht. Im Flur zwischen Tür und Angel ist normalerweise kein guter Moment für einen Gesprächseinstieg in Sachen Sabbatical.

Wenn Ihr Chef ein Morgenmuffel ist, dann wählen Sie lieber einen Termin am Nachmittag oder am Freitag, wenn das Wochenende bevorsteht. Wenig geeignet ist ebenfalls ein Betriebsfest, ein Gespräch nach einem groben Misserfolg oder während einer Krise des Unternehmens. Nutzen Sie das Jahresgespräch, wenn das bei Ihnen üblich ist oder lassen Sie sich einen Termin für ein persönliches Anliegen geben.

Nicht genau wissen, was Sie wollen: Bevor Sie das Gespräch suchen, machen Sie sich Ihre wichtigsten Punkte klar. Wie lange soll Ihre Auszeit dauern, und wann wollen Sie sie nehmen? Legen Sie Ihre maximale und minimale Dauer fest. Wo gibt es Spielräume, wo können Sie auf einen Kompromiss eingehen? Behalten Sie die besten Argumente bis zum Schluss. Auch Ihr Chef wird nämlich Gegenargumente bringen, und dann haben Sie noch ein Ass im Ärmel.

Zu lange warten: Versuchen Sie nicht perfekt vorbereitet zu sein, bevor Sie Ihren Chef auf ein Sabbatical ansprechen. Auch ein Unternehmen benötigt eine Vorlaufzeit, um sich auf Ihre Auszeit einzustellen und sie zu organisieren. Wenn Sie das Gespräch zu lange hinauszögern, kann bereits der Zeitfaktor zu unnötigem Stress und einer ablehnenden Haltung führen.

Nervosität: Gehen Sie ruhig und selbstbewusst in das Gespräch hinein. Nervosität und eine fehlende Struktur in den Argumenten schwächen Ihre Verhandlungsposition. Strukturieren Sie Ihre Argumente und bauen Sie eine logische Kette auf. Wenn Sie können, üben Sie das Gespräch ruhig vorher mit Freunden, das gibt Sicherheit.

Nicht flexibel sein: Ihr Chef ist mit einer Auszeit einverstanden, hat aber vielleicht ganz andere Vorstellungen darüber, wann und wie lange es dauern soll oder über Ihre Erreichbarkeit. Versteifen Sie sich nicht auf Ihre Forderungen. Seien Sie offen für Kompromisse und überlegen Sie vorher, wo Sie flexibel sein können und wollen.

Und es geht doch – ein Coachingbeispiel

Wie Meike geht es vielen engagierten Menschen im Sozialbereich. Meike arbeitet seit einigen Jahren als Ergotherapeutin in einem sozialpädiatrischen Zentrum im Süddeutschland. Die Arbeit macht ihr große Freude, und sie nutzt berufliche Fortbildungen, um ihr Fachwissen zu erweitern und den Kindern noch besser helfen zu können, mit denen sie arbeitet. Gerade Kinder liegen ihr besonders am Herzen. Daher möchte sie ein Sabbatical nehmen und an einer Schule in Südafrika als Ergotherapeutin mitarbeiten und die Schule dort unterstützen.

Als Meike zu mir ins Coaching kam, hatte sie bei ihrer Personalabteilung einen Antrag auf ein Sabbatical gestellt. Die Personalchefin war offen und positiv. Schwierig war dagegen die ablehnende Haltung ihrer direkten Vorgesetzten. Doch genau deren Zustimmung war für die Genehmigung erforderlich. Ihr Ziel im Coaching war, Sicherheit und Argumente für das anstehende Gespräch zu bekommen.

Wenn bereits im Gespräch anklingt, dass die Verständigung mit dem direkten Vorgesetzten nicht optimal sei, ist es besonders wichtig, die gesamte Situation zu erfassen. Meike ist recht jung und voller Ideen und Vorschläge, was sie in der Arbeit mit den Kindern alles gerne umsetzen möchte. Ihre Chefin ist schon im Rentenalter, sie begegnet neuen Vorschlägen eher abweisend. Zu Meikes Leidwesen sind die fachlichen Gespräche mühsam, die Chefin hört nicht genau zu und hat viele vorgefasste Meinungen. Die Verständigung und die Arbeitsgestaltung sind aus ihrer Sicht schwierig.

Die Idee zum Sabbatical bekam Meike über einen Artikel in einer Fachzeitschrift, in der eine Organisation freiwillige Helfer für ein Schulprojekt in Südafrika suchte. Die Besonderheit war, dass Lehrer und Therapeuten gemeinsam mit den Kindern arbeiten. In einem ersten Gespräch hatte sie ihrer Chefin davon erzählt, dass sie dort gerne mitarbeiten möchte. Die Reaktion war Abwehr und Unverständnis, warum sie denn so etwas machen wolle, die Arbeitsmethoden seien doch rückständig.

Im Gespräch kam Meike nicht weiter, und so hatte sie sich entschieden, ihre Gründe und die Vorteile für das Sozialpädiatrische Zentrum lieber schriftlich mitzuteilen. Sie hoffte, dass die Argumente dadurch eine Chance hätten, wahrgenommen zu werden. Leider klappte es nicht, sie erhielt eine Absage, weil ihre direkte Vorgesetzte nicht damit einverstanden war.

So kam sie zu mir, um sich auf einen zweiten Anlauf und das neue Gespräch vorzubereiten. Kommunikation ist nicht immer leicht. Wenn mein Gegenüber mir nicht zuhört, bleibt selbst das beste Argument ohne Wirkung. Deshalb muss ich meinen Gesprächspartner erreichen, emotional oder intellektuell.

Zur Vorbereitung für ein neues Gespräch waren mir zwei Dinge wichtig: Meikes Wunsch nach der Auszeit zu stärken, sodass sie authentisch argumentieren konnte und die Hilflosigkeit beim Gedanken an eine Ablehnung aufzulösen. Außerdem war es wichtig, zu überlegen, welche Gründe hinter der ablehnenden Haltung der Chefin stehen, um darauf eingehen zu können. Meike fielen im Coaching drei wichtige Hinweise aus dem ersten Gespräch ein.»Es sei ein schwarzer unheimlicher Kontinent, Meike würde als Arbeitskraft ausfallen und was wäre, wenn sie sich mit einer Krankheit anstecken und ausfallen würde.«

Es hilft, wenn man die wirklichen Gründe hinter einer Ablehnung erkennen kann. Gegen eine unbestimmte Angst, die eine Vorgesetzte gegen ein Land oder ein bestimmtes Volk hat, kann und sollte man nicht argumentieren. Wir wissen ja nicht, welche Ursachen diese Angst hat.

Meike überlegte, die Auszeit an die dreiwöchigen Betriebsferien anzuschließen. Sie wünschte sich sechs Wochen freie Zeit. Das war auch die Mindestzeit, die ein freiwilliger Helfer in diesem Schulprojekt mitmachen sollte. Ein wichtiges Argument war, dass in den ersten Wochen nach dem Betriebsurlaub erfahrungsgemäß 60 Prozent der betreuten Kinder ausfallen. Es sind noch Schulferien und viele Eltern mit Kindern sind noch im Urlaub. Also würde ihre Arbeitszeit auch nicht ausgefüllt sein und eine Vertretung wäre leichter zu organisieren.

Nachdem Meike die eigene Enttäuschung über die abweisende Haltung und die teilweise aufbrausenden Umgangsformen der Chefin – »sie brüllt ihr Gegenüber schon mal an« – artikuliert hatte, wollte ich von ihr wissen, was sie denn an ihrer Chefin schätze. Da kamen einige positive Seiten zu Tage. Ihre Chefin hatte die Einrichtung gegründet und enorm viele Probleme mit Energie und Engagement überwunden.

Zu wissen, wie viel Herzblut in einer Firma oder einem Projekt steckt, hilft auch, Befürchtungen gegenüber einem zeitlichen Ausfall einer Mitarbeiterin durch ein Sabbatical einzuordnen.

Wir entwickelten einen roten Faden für das Gespräch. Meike sollte ihre Chefin konkret nach deren Befürchtungen fragen. Erst dann würde sie wissen, ob ihre Vermutungen zutreffen, und hätte die Möglichkeit, darauf einzugehen. Ein Zeitraum von drei Wochen ist überschaubar und planbar, im Gegensatz zu einem Ausfall beispielsweise durch einen Unfall. Meikes bisherige Fortbildungen zeigen, wie engagiert sie ist, und dieses Schulprojekt ist ihr eine Herzensangelegenheit.

An dieser Stelle wurde deutlich, dass es Meike um die Akzeptanz durch ihre Vorgesetzte ging. Sie überlegte, dass eine Kündigung für sie eine Option sei, nicht wegen des Sabbaticals, sondern wegen der gesamten Rahmenbedingungen.

Wir simulierten die Gesprächssituation und spielten viele ablehnende Gründe und mögliche Antworten durch. Meike bekam Sicherheit für ihre Argumente und merkte, wo sie durch ihre Verärgerung in eine verbale Falle tappte, die bei einem Gespräch nicht hilfreich ist.

Am Ende des Coachings fühlte sie sich für ein zweites Gespräch deutlich besser vorbereitet. Ich riet ihr, dieses Gespräch mit einem Freund noch ein- oder zweimal durchzuspielen, um noch ruhiger dabei zu werden. Und ich empfahl ihr eine Übung: Einmal täglich die Wertschätzung sich selbst und ihrem Sabbatical-Wunsch gegenüber auszusprechen und auch die ehrliche Wertschätzung zu formulieren, die sie trotz allem Unmut ihrer Chefin gegenüber hatte. Sie sollte gestärkt und ohne Groll in das Gespräch hineingehen.

Das schöne Ergebnis war, dass im zweiten Anlauf drei Wochen Auszeit zusätzlich zum Betriebsurlaub genehmigt wurden.

6. Der Sabbatical-Vertrag

➤ Zeitraum

➤ Ansparphase und Komponenten in der Freistellung

➤ Vergütung

➤ Arbeitsplatzgarantie

➤ Sonstiges

Sie haben Ihren Chef von Ihrem Sabbatical überzeugt, damit ist eine der größten Hürden bewältigt. Vielleicht sind Sie auch Vorreiter in Sachen Sabbatical in Ihrem Unternehmen, dann gibt es wahrscheinlich noch keine Erfahrungen, wie eine Auszeit vertraglich aufgesetzt wird. Eine schriftliche Vereinbarung ist aber immens wichtig. Sie legt für beide Seiten verbindlich die Bedingungen fest, mit denen Sie in Ihr Sabbatical gehen können und wie die Rückkehr geregelt wird.

In der Regel wird ein Änderungsvertrag beziehungsweise eine Ergänzungsvereinbarung zum Arbeitsvertrag geschlossen – außer es gibt bereits eine Sabbatical-Regelung im Arbeitsvertrag, als Betriebsvereinbarung oder im Tarifvertrag. Einige Tarifverträge wie beispielsweise der der Chemischen Industrie enthalten auch Regelungen für die Gestaltung des Sabbaticals. Sofern ein Betriebsrat in dem Unternehmen, in dem Sie arbeiten, besteht, muss dieser ebenfalls zustimmen.

Eine Sabbatical-Vereinbarung muss die gesetzlichen Vorschriften einhalten, die das Arbeitsleben regeln. Das gilt besonders für das Arbeitszeitgesetz (ArbZG) und das Bundesurlaubsgesetz (BurlG). So muss auch bei einer Sabbatical-Regelung gesichert sein, dass die gesetzlich zulässige Arbeitszeit eingehalten und der gesetzlich vorgeschriebene Mindesturlaub genommen wird. Auch die Insolvenzsicherung ist bei einem Arbeitszeitkonto einzuhalten.

Im Vertrag sind also zahlreiche Punkte festzuhalten, wie beispielsweise:

- Was soll im Krankheitsfall gelten?
- Wie lange dauert das Sabbatical?

- Wie wird mit Sonderzahlungen umgegangen?
- Wie wird mit der betrieblichen Altersversorgung verfahren?

Außerdem werden Vereinbarungen zu Zahlungsmodalitäten, zu Versicherungen und schließlich zur Position und zum Aufgabenbereich des Arbeitnehmers nach der Rückkehr benötigt. Aus Sicht des Arbeitgebers sind zum Beispiel Vereinbarungen zum Rückrufrecht oder zur Erreichbarkeit von Bedeutung. Aus Arbeitnehmersicht ist der Kündigungsschutz im Sabbatical-Vertrag der Knackpunkt.

Kommen wir zu den fünf Basics, die in einen Sabbatical-Vertrag hineingehören (siehe folgende Abbildung). Sie finden zu jedem Basic eine kleine Erläuterung, was darunter zu verstehen ist. Anschließend sind Vorschläge kursiv gedruckt, die Sie auf Ihre individuelle Situation anpassen können.

> **Achtung:** Diese Hinweise zum Sabbatical-Vertrag stellen keine Rechtsberatung dar und ersetzen diese auch nicht. Es handelt sich lediglich um Orientierungshilfen und Formulierungshilfen.
>
> Individuelle Gegebenheiten und besondere Umstände des Einzelfalles des Anwenders können deshalb nicht berücksichtigt werden. Formulierungsvorschläge sind lediglich eine Unterstützung zum Erstellen vergleichbarer Dokumente. Sie sind also nicht auf individuelle Belange des Anwenders zugeschnitten.

Zeitraum

Der genaue Zeitraum des Sabbaticals muss vertraglich geregelt sein, also mit Anfangs- und Enddatum. Vorsorglich sollten auch Vereinbarungen dazu getroffen werden, wenn beispielsweise der Beginn oder das Ende des Sabbaticals von Ihnen unverschuldet verschoben werden muss.

> Der Mitarbeiter wird in der Zeit vom …. bis zum …. ein Sabbatical nehmen. Eine Beendigung des Sabbaticals vor dem Enddatum ist nicht möglich.

1. Sabbaticalzeit und Ansparphase
2. Vergütung, Ansparkomponenten und Freistellungsphase
3. Arbeitsplatzgarantie, Befristung der Teilzeit/des unbezahlten Urlaubs
4. Wettbewerbsklausel
5. Betriebliche Leistungen, freiwillige Leistungen und was noch?

1. Zeitraum
2. Freistellung
3. Arbeitsplatz
4. Klauseln
5. Sonstiges

Die fünf Basics eines Sabbatical-Vertrags

Wenn der Arbeitgeber auf eine Notfallrückkehr besteht, muss in dem Vertrag eine Vereinbarung getroffen werden, die eine Unterbrechung regelt.

Auf schriftliches Verlangen des Arbeitgebers kann dieser das Sabbatical vor dem Enddatum mit einer Ankündigungsfrist von … Wochen gegenüber dem Mitarbeiter vorzeitig beenden.

Wenn Sie eine solche Regelung aufnehmen müssen, klären Sie auch, wer die Kosten einer früheren Rückkehr trägt, da eine Umbuchung von Flügen mit zusätzlichen Kosten verbunden ist. Für eine ungestörte Auszeit vom Job ist es für Sie natürlich besser, eine Regelung ohne Option auf eine Unterbrechung zu treffen. Wenn es sich abzeichnet, dass Ihr Arbeitgeber das Sabbatical nicht genehmigt, können Sie diese Option als Joker ins Spiel bringen.

Ansparphase und Komponenten in der Freistellung

Üblicherweise wird vor der Inanspruchnahme eines Sabbaticals eine Mehrarbeit vom Arbeitnehmer geleistet. Daher sollte vereinbart werden, wie die Mehrarbeit vor dem Sabbatical geleistet und gutgeschrieben wird und wie die angesparte Arbeitszeit und das angesparte Arbeitsentgelt im Laufe des Sabbaticals verbraucht werden.

Die klassische Variante der Mehrarbeit wäre beispielsweise, dass mit einem Teilzeitmodell die derzeitige Arbeitszeit reduziert wird und die Mehrarbeit quasi dadurch geleistet wird, dass Sie trotz dieser Reduzierung weiterhin die gewohnte Stundenzahl arbeiten. Diese Mehrarbeit sowie die darauf entfallende Vergütung würden dann dem Ansparkonto gutgeschrieben.

Unserer Vereinbarung entsprechend beträgt Ihr Freistellungsblock X aufeinanderfolgende, volle Kalendermonate. Geplant ist ein Zeitraum von TT.MM.JJ bis TT.MM.JJ.

Als Ansparkomponenten können auch Zusatzleistungen wie Urlaubs- und Überstunden angerechnet werden, ebenfalls Zeitzuschläge, Gratifikationen, Weihnachtsgeld und alles, was in Ihrer Firma üblich ist.

Eine andere Möglichkeit könnte zum Beispiel sein, vor dem Sabbatical auf einen Teil seines Arbeitsentgelts zu verzichten und damit das »Guthaben« auf dem Arbeitszeitkonto aufzufüllen.

Es muss eindeutig klargestellt werden, dass dieses Arbeitszeitkonto im Falle einer Insolvenz unangetastet bleibt und Sie dadurch abgesichert sind. Die Kosten für eine Insolvenzregelung hat der Arbeitgeber zu tragen.

Vergütung

Die Höhe des auszuzahlenden Arbeitsentgelts während des Sabbaticals sowie die Abführung der Sozialversicherungsbeiträge und Steuern sollten unbedingt in der Vereinbarung enthalten sein. Oftmals ist die Auszahlung während des Sabbaticals geringer als das übliche Arbeitsentgelt, sodass zu klären ist, wie sich dies auf die Sozialversicherungsbeiträge und Steuern auswirkt. Auch freiwillige Leistungen Ihres Unternehmens sollen hier klar ersichtlich sein.

In diesem Zusammenhang ist auch zu klären, ob während des Sabbaticals weiterhin ununterbrochen ein Arbeitsentgelt bezogen wird, damit eindeutig nachprüfbar ist, ob auch während dieser Zeit ein sozialversicherungspflichtiges Beschäftigungsverhältnis vorliegt.

Während des Sabbaticals ist der Mitarbeiter unwiderruflich von der Pflicht, seine Arbeitsleistung zu erbringen, freigestellt. Der Arbeitgeber ist während dieser Zeit lediglich zur Zahlung der in dieser Sabbatical-Vereinbarung vorgesehenen Beträge verpflichtet.

oder

Während der Sabbatical-Zeit ruht das Arbeitsverhältnis zwischen den Parteien, das heißt, es bestehen weder Leistungspflichten des Mitarbeiters noch des Arbeitgebers.

Bei unbezahltem Urlaub:

Während des Sabbaticals erhält der Mitarbeiter keinerlei Vergütung und vergütungsähnliche Leistungen vom Arbeitgeber.

Die Höhe der Vergütung während des Sabbaticals sollte unmissverständlich in dem Vertrag geregelt sein. Bei einem Arbeitszeitmodell mit Teilzeitgehalt:

Während des Sabbaticals zahlt der Arbeitgeber an den Mitarbeiter ein monatliches Bruttoentgelt in Höhe von ... Euro. Weitere Vergütung oder vergütungsähnliche Leistungen schuldet der Arbeitgeber während des Sabbaticals nicht.

Damit werden Zahlungen von Urlaubsgeld, Weihnachtsgeld und Erfolgsprämien ausgeschlossen.

Arbeitsplatzgarantie

Eine wichtige Regelung ist die Klarstellung, auf welchem Arbeitsplatz Sie nach dem Sabbatical eingesetzt werden, auf Ihrem alten oder einem gleichwertigen anderen. Auch das gibt beiden Seiten Klarheit für die Zeit nach der Rückkehr.

Es sollten ferner Regelungen dazu getroffen werden, wie im Falle einer Krankheit oder eines Unfalls während des Sabbaticals zu verfahren ist. Eine Klarstellung muss insbesondere dahin getroffen werden, ob und in welchem Umfang sich Krankheitstage auf das »Guthaben« auswirken. Das ist Verhandlungssache und wird in jedem Unternehmen unterschiedlich gehandhabt. Denkbar ist, dass das Sabbatical um die Krankheitszeit verlängert wird.

Nach dem Enddatum lebt das Arbeitsverhältnis mit den wechselseitigen Pflichten wieder auf und der Mitarbeiter hat einen Anspruch darauf, auf einem Arbeitsplatz beschäftigt zu werden, der mit dem Arbeitsplatz, auf dem er zuletzt beschäftigt wurde, vergleichbar ist.

oder

Nach dem Enddatum hat der Mitarbeiter einen Anspruch drauf, wieder auf dem Arbeitsplatz beschäftigt zu werden, auf dem er vor dem Sabbatical beschäftigt wurde.

Sonstiges

In diesen Bereich fallen Regelungen, wie zu verfahren ist, wenn jemand aus unvorhersehbaren Gründen (Arbeitsunfähigkeit, Eigenkündigung vor Antritt) das Sabbatjahr gar nicht antreten kann. Was geschieht dann mit dem fürs Sabbatical angesparten Guthaben? Und wie wird die Arbeit im Falle einer bereits eingesetzten Vertretung organisiert?

Mit diesem Teil des Vertrages könnte sich der Arbeitgeber von einem Rücktritt Ihrerseits absichern, wenn sich etwas nicht erfüllt, das Sie geplant haben. Zum Beispiel könnte es sein, dass Sie einen Segeltörn geplant haben, dieser aber nicht stattfindet oder Sie für eine geplante Fortbildung die Zulassung nicht erhalten.

Außerdem gilt es, Regelungen zu dem fürs Sabbatical angesparten Guthaben zu treffen, beispielsweise bei einem vorzeitigen Ausscheiden aus dem Unternehmen oder im Todesfall. Im letzteren Fall kann eine Auszahlung an die Erben vereinbart werden.

Der vom Mitarbeiter mit dem Sabbatical verfolgte Zweck ist nicht Geschäftsgrundlage dieser Sabbatical-Vereinbarung. Diese Sabbatical-Vereinbarung gilt daher unabhängig davon, ob der Mitarbeiter das von ihm verfolgte Ziel beziehungsweise den Zweck erreicht.

Schließlich sollten auch Regelungen zur Kündigung (arbeitgeberseitig und Eigenkündigung) während des Sabbaticals in der Vereinbarung enthalten sein. Auch könnte der Arbeitgeber sichergehen wollen, dass Sie nicht direkt nach Ihrer Auszeit bei der Konkurrenz anfangen.

Während der Dauer des Sabbaticals ist die ordentliche Kündigung des Arbeitsverhältnisses für beide Seiten ausgeschlossen.

Eventuell kann sogar ein erweiterter Kündigungsschutz vereinbart werden.

Die ordentliche Kündigung des Arbeitsverhältnisses ist weiterhin für die Dauer von … Monaten nach dem Ende des Sabbaticals für beide Parteien ausgeschlossen.

Der Vertrag kann auch Klauseln enthalten. Manchmal macht der Arbeitgeber Auflagen, zum Beispiel untersagt er, in der Auszeit bei der Konkurrenz tätig zu sein. Solche Punkte gehören ebenfalls in den Vertrag.

Es gilt das gesetzliche und vertragliche Wettbewerbsverbot auch während des Sabbaticals.

Wenn ein Arbeitsverhältnis besteht, gibt es den gesetzlichen Mindestanspruch an Urlaub. Der gesetzliche Urlaub ist abhängig vom bestehenden Arbeitsverhältnis und nicht davon, ob der Mitarbeiter tatsächlich arbeitet. Ein Mitarbeiter hat deshalb auch einen Urlaubsanspruch, wenn er im Sabbatical ist.

Ein Sabbatical-Vertrag hat keine vorgegebene Form.

> **Tipp:** Fassen Sie mit Ihrem Arbeitgeber einen Entwurf der Vereinbarung ab. Diesen Entwurf können Sie dann entweder vom Betriebsrat oder von einem Anwalt Ihres Vertrauens anhand Ihres Arbeitsvertrags und Ihrer Besonderheiten auf Vollständigkeit und Durchsetzbarkeit prüfen lassen.

Im Arbeitsrecht hat die Rechtsprechung durch das Bundesarbeitsgericht einen maßgeblichen Einfluss, und es gibt immer wieder Entwicklungen, die auch Auswirkungen auf Sabbatical-Regelungen haben. In Zweifelsfällen oder Unsicherheiten über Sabbatical-Regelungen kann ein Fachanwalt für Arbeitsrecht weiterhelfen.

7. Das Sabbatical richtig planen

> Erste Überlegungen und Entscheidungen
> Die Route festlegen
> Die Organisation: Was brauchen Sie noch?
> Während der Auszeit
> Apps für die Auszeit
> Sieben Fehler bei einer Sabbatical-Planung
> Dieses Jahr gehört mir – ein Coachingbeispiel

Wenn Sie sich dazu entschlossen haben, ein Sabbatical zu nehmen, egal ob es drei Monate oder ein ganzes Jahr dauern soll, haben Sie die --wie ich meine – größte Hürde bereits genommen. Sie haben sich selbst die Erlaubnis für eine selbstbestimmte Zeit und damit ein Stück Freiheit gegeben. Freuen Sie sich darüber und über Ihren Mut. Diesen Mut hat nicht jeder Mensch.

In diesem Kapitel geht es nun ganz konkret um die Planung Ihrer Auszeit.

Erste Überlegungen und Entscheidungen

Es gibt drei Stellschrauben, die Sie bei der Planung Ihres Sabbaticals beachten müssen, und zwar Zeit, Ziele und Kosten:

Zeit: Wie lange soll Ihre Auszeit dauern? Ein Jahr Auszeit kostet nicht nur viel mehr als drei Monate, Ihr Arbeitgeber braucht auch einen längeren Vorlauf. Drei Monate Auszeit sind manchmal mit einer Kombination aus Urlaub und einer befristeten Freistellung von der Arbeit zu realisieren. Für ein ganzes Jahr brauchen Sie andere Lösungen.

Ziele und Träume: Sie sind der Antriebsmotor für jedes Sabbatical. Sie geben die Kraft, Entscheidungen zu treffen, und motivieren Sie in der Planungszeit.

Kosten der Auszeit: Haben Sie ein bestimmtes Budget zur Verfügung? Können Sie einschätzen, wie teuer beispielsweise vier Monate Auszeit in Argentinien samt sechswöchigem Sprachkurs und Rundreise als Backpacker sind? Vielleicht stellen Sie fest, dass Ihr Bankkonto Ihnen sogar sechs Monate erlauben würde.

Für jede Auszeit sieht die Planung anders aus. Damit Ihre Vorbereitung leicht und übersichtlich wird und Sie nichts vergessen, habe ich Ihnen Checklisten zur Orientierung zusammengestellt. Fangen Sie ruhig Schritt für Schritt an und passen Sie die Checklisten an Ihre Auszeit und Ihre Bedürfnisse an. Für alle, die gerne mit Papier und Stift planen: Kopieren Sie die Listen einfach und nutzen Sie sie für Ihre Planung. Es gibt auch eine Packliste für die Reise, die Reiseapotheke und vieles mehr. Zusätzlich habe ich Ihnen eine Auswahl an Apps zusammengestellt, die eine Auszeitplanung erleichtern, wie Duolingo zum Sprachenlernen und Skyscanner als Reise-App oder um ein Reisetagebuch zu erstellen.

Sie werden feststellen, dass bei einer Sabbatical-Planung eine Menge Fragen auftauchen. Bevor ich mit Ihnen in die konkreten Planungen gehe, lassen Sie sich von den folgenden Fragen inspirieren.

Wünsche und Ziele festlegen

Wenn Sie noch nicht wissen, in welche der vielen Länder Ihre Reise überhaupt gehen soll und wie Sie eine Auswahl treffen und sich dann auch noch richtig entscheiden sollen, dann horchen Sie in sich hinein und fragen Sie sich: Welches Ziel soll denn Ihre Auszeit haben? Wollen Sie Zeit haben, um aus dem Hamsterrad Ihres Jobs auszusteigen, vom Alltag abzuschalten und sich körperlich und mental zu regenerieren? Oder wollen Sie ein bestimmtes Traumland bereisen und dort eine Sprache lernen? Vielleicht wollen Sie ja schon länger einen sozialen Beitrag leisten und bei einem Umweltprojekt mitarbeiten oder sich sozial engagieren. Welche Länder interessieren Sie und warum? Was motiviert Sie oder was wollen Sie ganz klar nicht machen? Finden Sie heraus, welchen persönlichen Sinn Ihre Auszeit haben soll. Wann würden Sie Ihre Auszeit als erfolgreich empfinden? Meistens haben wir sowohl äußere Ziele (beispielsweise die Transsibirische Eisenbahn) als auch innere Ziele (etwa Stress abbauen, beruflich neu orientieren).

Mein Coaching beginne ich oft mit der Frage: Als welcher Mensch möchten Sie aus Ihrem Sabbatical zurückkehren? Und wie würde Ihre Familie oder ein enger Freund feststellen, dass die Auszeit Ihnen gutgetan hat? Diese Fragen zu beantworten, kann helfen, Klarheit darüber zu gewinnen, was Ihnen für Ihre Auszeit besonders wichtig ist.

Beispiel:
Meine Familie merkt, dass ich ausgeglichener bin, wieder richtig lachen kann und mir Zeit nehme, mit Freunden etwas zu unternehmen, anstatt am Wochenende zu arbeiten.
   Oder: Meine Freunde stellen fest, dass ich meine Interessen vertrete und mir Zeit für mich nehme.

Tipp: Schreiben Sie sich Ihre Antworten als Memo auf und heften Sie sie an eine Stelle, die Sie oft ansehen. Damit können Sie während der Planung immer wieder überprüfen, ob Ihre Reisepläne und Ideen auch dazu beitragen, Ihren inneren Zielen näher zu kommen.

Ihr persönlicher Reisestil

Was wäre Ihnen lieber: als Backpacker mit einem Round-the-World-Ticket auf Weltreise oder mit dem Campingbus auf Ihrer Traumroute durch Europa? Darf es auch mal die Übernachtung am Strand auf der Isomatte sein oder wünschen Sie sich doch lieber ein kleines Familienhotel in Vietnam? Schätzen Sie realistisch Ihr eigenes Bedürfnis nach Komfort ein und überlegen Sie, wie Sie sich im Sabbatical fortbewegen wollen.

Informationen über die Ziele sammeln

Möchten Sie eine Freiwilligenarbeit im Ausland leisten oder den Sommer auf einer Bergalm verbringen? Haben Sie bestimmte Länder im Kopf oder einen lang gehegten Wunsch wie beispielsweise mit Delfinen im Meer zu schwimmen? Fangen Sie genau mit dieser Idee und mit Ihrem Wunschziel an. Stöbern Sie im Internet, in Buchhandlungen, auf Foren für Traveller und bei Reisebloggern.

Reiseführer sind ein guter Einstieg in Ihr Reiseland. Den Reiseführer *Lonely Planet* gibt es zum Beispiel für über 100 Reiseländer und Städte. Gönnen Sie sich eine Stunde in einer größeren Buchhandlung und lesen Sie sich für ein Land in mehrere Reiseführer ein. Reiseführer haben unterschiedliche Schwerpunkte: Es gibt sie für Kulturliebhaber, für Low-Budget-Reisende, für Nachtschwärmer in Metropolen, Wanderer, Singlereisen und vieles mehr. Sie bekommen schnell ein Gespür dafür, welcher Ihnen angenehm ist und Ihre Bedürfnisse erfüllt. Praktisch ist, dass es die meisten Reiseführer auch als E-Book gibt. Das spart Gewicht auf Reisen.

Erfahren Sie so viel wie möglich über Ihre Ziele. Wahrscheinlich werden Sie erstaunt sein, wie viele Artikel, Reise-DVDs und Filme Ihnen genau jetzt empfohlen werden oder Ihnen auffallen. Wächst Ihre Faszination, dann liegen Sie richtig. Langweilt oder schreckt ein Land Sie ab? Dann streichen Sie es von Ihrer Liste.

Planungszeit

Planen Sie zur Vorbereitung genauso viel Zeit ein, wie Ihre Auszeit dauern soll und verdoppeln Sie diese Zeit dann. So lange dauert es erfahrungsgemäß von der Idee bis zur Umsetzung. Bei einem sechsmonatigen Sabbatical sollten Sie also mit circa zwölf Monaten Vorbereitung rechnen.

Wenn Sie Ihr Sabbatical durch ein Teilzeitmodell umsetzen, dann benötigen Sie vermutlich für die Auszeit eine längere Vorlaufzeit. Denn die Freistellungsphase ist üblicherweise am Ende des Teilzeitblocks.

Die Route festlegen

Die Reiseplanung ist für mich der schönste und spannendste Teil der Sabbatical-Vorbereitung. Dabei ist wirklich vieles zu überlegen. Wer die Möglichkeit hat, die ganze Welt zu bereisen, steht auch vor der Qual, sich für einige wenige Länder zu entscheiden. Selbst wer sechs Monate Sabbatical vor sich hat, wird feststellen, dass die Zeit vermutlich nicht für alle Herzenswünsche ausreicht.

Sie brauchen also eine Strategie, um eine Auszeit von mehreren Monaten zu planen und zu füllen. Planen Sie die wichtigsten Ziele und Bedürfnisse ein und lassen Sie sich auch Zeiten für Muße, um den Flow einer Auszeit zu spüren. Ist eine Auszeit mit zu vielen Zielen überfüllt, nehmen Sie sich unter Umständen die Freiheit, mal eine Zeitlang ohne Verpflichtungen zu sein und Ihren eigenen Rhythmus zu finden. Es wäre doch schade, sich diese Chance durch ein selbst aufgestelltes Pflichtprogramm kaputt zu machen.

Doch wie wählen Sie Ihre Reiseländer und eine Route aus? Nutzen Sie die folgenden sechs Kriterien und legen Sie los:

- Die Dauer der Auszeit eingrenzen,
- Länder auswählen,
- einen Zeitplan erstellen und gute Reisezeiten finden,
- Ihr Sicherheitsbedürfnis feststellen,
- die touristische Infrastruktur Ihrer Reiseziele beachten,
- das Budget berücksichtigen.

Die Dauer der Auszeit eingrenzen

Die Dauer Ihrer Auszeit hat Einfluss auf alle anderen Faktoren: die Kosten, die Zeit, die Sie für ein bestimmtes Land haben, und was Sie dort erleben können. Starten Sie daher mit der Entscheidung, wie lange Sie reisen möchten. Oder aber, wie viel Zeit Ihnen durch den Arbeitgeber freigegeben werden.

Keine Sorge, es geht jetzt erst einmal um den Beginn Ihrer Planungen. Wenn Sie später feststellen, dass Ihre Traumziele sehr teuer sind, steht es Ihnen doch frei, die Reise lieber etwas zu kürzen und dafür ein paar teure Highlights mehr zu erleben. Oder anders herum: Sie beschließen, ein günstigeres Reiseland zu nehmen und dafür ein paar Monate länger wegzubleiben. Einfluss hat alles, was Sie erleben wollen: Das kann Work & Travel sein, ein Studium im Ausland, ein Volontariat oder die Erntehilfe als Kiwi-Pflücker in Neuseeland. Anfangs hatte ich gehofft, eine Sabbatical-Planung sei eine gerade Linie. Falsch gedacht! Bei jedem Sabbatical wurde ich wieder neu überrascht, dass sich die Planung eher spiralförmig anfühlt. Immer wieder kam ich an ähnliche Fragen und musste sie in einem anderen Zusammenhang neu beantworten. Das Gute daran ist, dass sich durch die Wiederholungen die eigenen Wünsche und Bedürfnisse immer klarer zeigen. Werden Sie deshalb nicht nervös, wenn dieselben Fragen in unterschiedlichem Zusammenhang immer wieder auftauchen.

Länder auswählen

Haben Sie eine Weltkarte oder eine Karte der Kontinente, die Sie interessieren? Das ist eine wunderbare Hilfe bei der Planung. Nehmen Sie sich die Karte und markieren Sie alle Länder, die Ihnen als Wunschziele einfallen. Eine Weltkarte gibt es als kostenlosen Download über das Portal der Bundesregierung.[4]

Wenn Sie gerne mit Mindmaps arbeiten, legen Sie eine für jedes Wunschziel an. Schreiben Sie zu jedem Land in Stichworten auf, was Sie daran reizt oder was Sie damit verbinden, zum Beispiel: Argentinien – Spanisch lernen, Reit-Trail und Farmarbeit oder Norwegen – Husky-Farm, Wandern mit Zelt, körperlich fordernd.

Einen Zeitplan erstellen

Die Dauer Ihrer Auszeit und die Wünsche, die Sie haben, beeinflussen ganz maßgeblich Ihre Reisepläne. Da hilft nur eines, fangen Sie an und erstellen Sie sich einen Zeitplan. Mir fällt das leichter in Form eines Mindmaps, vielleicht liegt Ihnen mehr die Geradlinigkeit eines Zeitstrahls oder schreiben Sie farbige Karten für jedes Land und hängen Sie die Karten an eine Pinnwand. Egal ob Mindmap oder Pinnwand, Hauptsache ist, Sie können kreativ sein und Ihre Wünsche visualisieren.

Tragen Sie dort alle Aktivitäten ein, die Sie sich vorgenommen haben, beispielweise drei Monate Volontariat im Kinderdorf in Ghana oder Vorbereitung auf den Halbmarathon mit Trainingsplan. Wenn Sie reisen wollen, dann gehört hinein, in welchem Land und wie lange Sie gerne dort sein möchten.

In einem ersten Check überlegen Sie, ob auch wirklich alles in Ihren Zeitplan hinein passt. Wir neigen dazu, uns viel zu viel für eine Auszeit vorzunehmen. Lieber ein paar Tage mehr Zeit vor Ort einplanen, denn es gibt immer wieder spannende Begegnungen mit anderen Reisenden und tolle Tipps über Sehenswertes vor Ort. Zu schnell zu reisen, ist auch ein Stressfaktor. Der Tipp unter Travellern ist deshalb, sich pro Land oder Region einen Monat Zeit zu nehmen. Wir wollen ja gerade aus dem Alltag und alten Gewohnheiten aussteigen und deshalb tut es uns auch gut, eine Auszeit nicht so zu füllen, wie wir es mit einem zweiwöchigen Urlaub an einem exotischen Ort gerne tun.

Beispiel: Fünf bis sechs Monate Auszeit
Asien: drei Monate (inklusive Yoga-Retreat) – Neuseeland: zwei Monate (einen Monat Nordinsel, einen Monat Südinsel, Arbeiten in einer Lodge) – Rückkehr

Die Reisezeiten spielen für jede Auszeit eine große Rolle. Wenn Sie drei Monate in Skandinavien reisen möchten, wollen Sie vermutlich den Sommer dort verbringen und sind in Ihrem Unternehmen höchst wahrscheinlich mit den Kollegen in Konkurrenz zu den begehrten Sommermonaten. Vielleicht zieht es Sie nach Südamerika – für die Südhalbkugel ist das Winterhalbjahr zum Reisen bestens geeignet. Und manchmal gibt es keine Wahl, dann ist man an bestimmte Monate gebunden, weil beispielsweise der Dreimonats-MBA (Master of Business Administration) nur von Januar bis April stattfindet.

Eine gute Reisezeit auszusuchen, ist also nicht immer leicht. Finden Sie heraus, in welchen Klimazonen Ihre Wunschländer liegen. Wann ist für Ihr Ziel die Reisezeit besonders günstig? Denn natürlich gibt es in fast allen Ländern auch ungünstige Reisezeiten. Gibt es Regenzeiten, ist in Ihrer Wunschreisezeit vor Ort gerade Winter oder gibt es extreme Hitze oder Wirbelstürme? Schreiben Sie sich solche Informationen zu Ihren Wunschländern dazu. Das hilft auch gleichzeitig, die Route zu planen und möglichst zu einer guten Reisezeit unterwegs zu sein. Wenn Sie wissen, dass Sie von Oktober bis Februar Zeit haben, können Sie Ihre Reiseländer danach aussuchen. Auch umgekehrt geht es: Sie wissen, in welches Land Sie wollen und wählen danach die Jahreszeit aus und wie lange Sie bleiben möchten.

Die Internetseite weltreise-info.de bietet ein Tool an, um Ihren Reiseverlauf zu prüfen. Sie können dort die Reihenfolge der Länder verschieben, Länder hinzufügen oder löschen und an Ihre Vorstellungen über Reisezeiten anpassen. Sie finden das Tool unter https://weltreise-info.de/route/reisezeiten.html.

Sicherheitsbedürfnis und Schwierigkeitsgrad

Während Ihrer Urlaube haben Sie vermutlich schon festgestellt, dass es Länder gibt, die Ihnen einfach sympathisch sind. Und dann gibt es wiederum Länder, die Sie vielleicht faszinierend finden, aber aus unterschiedlichen Gründen als anstrengend empfinden oder die sogar Unbehagen bei Ihnen auslösen. Als Erstes möchte ich Sie dazu ermutigen, die Länder, die Unbehagen in Ihnen auslösen, von Ihrer Liste zu streichen, besonders wenn Sie sich das erste Mal auf das Abenteuer Sabbatical oder eine größere Reise einlassen. Sie müssen niemandem beweisen, wie furchtlos Sie sind.

Überhaupt gilt eine Regel auf Reisen: Wenn Ihnen eine Situation komisch vorkommt oder gar Unbehagen auslöst, dann nichts wie weg! Gehen Sie tatsächlich auch vor Ort aus der Situation raus, die Sie beunruhigt – weg von einer Gruppe Bettlern, die Ihnen zu nahekommt, weg von aufdringlichen Taxifahrern, und entfernen Sie sich von Ansammlungen von Menschen, die aggressiv wirken (mehr dazu im Abschnitt »Sicherheit unterwegs«).

Es gibt Länder, Situationen oder auch fehlende Kenntnisse, die das Leben als Individualreisender erschweren. Fehlende Sprachkenntnisse können so ein Faktor sein. Bei 6 500 Sprachen weltweit ist diese Schwierigkeit nicht selten. Die fünf am meisten gesprochenen Sprachen der Welt sind laut Wikipedia (Stand 2017):

- Mandarin mit 909 Millionen Muttersprachlern,
- Spanisch mit 477 Millionen Muttersprachlern,
- Englisch mit 378 Millionen Muttersprachlern,
- Arabisch mit 315 Millionen Muttersprachlern,
- Hindi mit 260 Millionen Muttersprachlern.

Welch ein Glück, dass in vielen Ländern Englisch bereits in der Schule unterrichtet wird und so eine Verständigung leichter werden kann. Gerade die Menschen in kleineren Ländern wie Finnland oder Norwegen sprechen oft fließend Englisch. Finnen sind einfach darauf angewiesen, weil nur wenige ihre schwierige Sprache lernen.

Wenn Sie sich allein und abseits der Touristenorte bewegen, kann es sehr mühsam werden, sich mit Händen und Füßen nach einer Unterkunft oder einer Sehenswürdigkeit zu erkundigen. Die einfachsten Worte wie »Danke«, »Bitte« und »Wo geht es nach xy?« in der Landessprache sind durch kostenlose Sprachprogramme wie Babelfish oder Duolingo leicht zu lernen. Eine Verständigung ohne Sprachkenntnisse ist in ländlichen Gegenden Lateinamerikas, Russlands oder der Mongolei fast unmöglich.

Schreiben Sie sich zu Ihren Wunschreiseländern die Landessprache auf und welche Sprache dort auch zur Verständigung üblich ist. Auch das kann eine Entscheidungshilfe sein, in welche Länder Sie reisen wollen. In Lateinamerika beispielsweise wird in allen Ländern Spanisch gesprochen. Außer in Brasilien, da ist es Portugiesisch.

Ich bin in meinen Sabbaticals allein gereist. Mir und meinem Bedürfnis nach Sicherheit war es sehr wichtig, mich in allen Ländern zumindest in englischer Sprache verständigen zu können. Wie ist das bei Ihnen? Beherrschen Sie die Sprache in Ihrem Reiseland oder eine Sprache, die dort üblich ist, wie zum Beispiel Englisch?

Als Einstieg für die erste Einschätzung eines Landes in puncto Sicherheit empfehle ich folgende Internetseite des Auswärtigen Amtes: https://www.auswaertiges-amt.de/de/ReiseUndSicherheit. Die Informationen sind für jedes Reiseland übersichtlich dargestellt.

Zuerst kommen landesspezifische Sicherheitshinweise, in denen auf

Kriminalität und Besonderheiten hingewiesen wird. Dann folgen allgemeine Reiseinformationen. In Argentinien wird zum Beispiel darauf aufmerksam gemacht, dass ein Grenzübergang am Pass »Christo Redentor« nach Chile während der Wintermonate gesperrt ist und es in argentinischen Fußballstadien regelmäßig zwischen rivalisierenden Fangruppen zu schweren Ausschreitungen kommt, in denen auch vor einem Waffeneinsatz nicht zurückgeschreckt wird. Sie erfahren etwas über Einreisebestimmungen für Deutsche, welche Einreisedokumente Sie benötigen und dass Deutsche bis zu 90 Tage als Touristen ohne Visum nach Argentinien einreisen dürfen. Es wird über besondere Zollvorschriften und auch strafrechtliche Vorschriften informiert und Hinweise zur medizinischen Situation vor Ort gegeben. Darüber hinaus wird darauf hingewiesen, ob es bei der Einreise aus Nachbarländern oder bei der Ausreise in dieselben Probleme geben kann oder ob Ein- und Ausreise sogar ausgeschlossen sind.

Nicht immer hat das Auswärtige Amt für jedes Land alle Hinweise auf dem aktuellen Stand. Wenn Sie in Nachbarländer weiterreisen wollen, dann checken Sie auch die Reiseseiten dieser Länder. Achten Sie auf Grenzhinweise und ob Schwierigkeiten angesprochen werden.

Jeder hofft, ohne Probleme unterwegs zu sein und bei den meisten Reisenden läuft alles glatt. Um für die Situationen gewappnet zu sein, in denen etwas schiefläuft, ist es gut, die Adresse und Telefonnummer der deutschen Botschaft vor Ort dabei zu haben, um Unterstützung zu bekommen.

Nehmen Sie Reisewarnungen des Auswärtigen Amtes immer ernst. Die Reise in Länder mit Reisewarnungen oder Kriegs- und Krisengebiete kann schnell lebensgefährlich sein.

Achten Sie auf Ihr eigenes Bedürfnis nach Sicherheit. Was bei dem einen Abenteuerlust auslöst, jagt dem nächsten Angst ein. Eine gesunde Mischung aus Mut, die eigene Komfortzone zu verlassen, und Vorsicht ist eine gute Basis fürs Reisen.

Ein Diebstahl des Portemonnaies ist genauso schnell in der Einkaufszone Ihres Shoppingcenters zu Hause geschehen wie in einem exotischen Reiseland. Lassen Sie sich deshalb weder von allzu ängstlichen Menschen verunsichern, noch sollten Sie Warnungen von erfahrenen Reisenden auf die leichte Schulter nehmen.

Die touristische Infrastruktur

Ein häufiger Wunsch ist, möglichst individuell zu reisen. Wir sehnen uns nach Ursprünglichkeit, am liebsten abseits des Massentourismus. Doch oft fehlt es in solchen als schwierig geltenden Ländern an den elementarsten Dingen. Wie wollen Sie ohne Sprachkenntnisse an wichtige Informationen kommen, beispielsweise wann Busse wo abfahren? Manchmal fahren Busse nur ein oder zweimal die Woche, und diesen Bus sollte man dann auch nicht verpassen. Wann müssen Sie sich um den Kauf einer Fahrkarte kümmern? Am Vortag oder schon zwei oder drei Tage früher? Wie erreichen Sie eine Sehenswürdigkeit? Wenn es keine guten Streckennetze für Busse und Bahnen gibt, kann das bedeuten, immer wieder längere Strecken mit Gepäck auch zu Fuß zu gehen.

Ist es unbedenklich, Obst und Gemüse mit Leitungswasser zu waschen und zu essen, wenn es vielleicht kein Mineralwasser in Flaschen gibt? Kann man unbedenklich essen, was Einheimische in Garküchen am Straßenrand verzehren?

Dinge, über die wir uns auf Reisen in Deutschland und Europa keine Gedanken machen, stellen uns in der Mongolei oder Indien vor eine tägliche Herausforderung. Das sollten Sie schon mögen. Manchmal ist es besser, sich einer geführten Tour anzuschließen oder einen Guide oder Übersetzer zu engagieren.

Auf Bali habe ich mir mit einer anderen Reisenden einen Führer mit Auto engagiert, weil es die einzige Möglichkeit war, eine kleinere Rundreise an einem Tag zu schaffen. Obwohl ich eine routinierte Autofahrerin bin, konnte ich auf die Erfahrung, auf engen Straßen mit Linksverkehr selbst zu fahren, gut verzichten. Die Sehenswürdigkeiten, die der Guide uns zeigte, hätten wir selbstständig mit Auto und Wegbeschreibung niemals gefunden.

Touristische Länder haben ihre Vorteile. Der Tourismus konzentriert sich oft nur auf bestimmte Regionen oder Städte. Sobald Sie die verlassen, lernen Sie eine andere Seite des Landes kennen. So können Sie leicht dosieren, wie viel Herausforderung Sie vertragen.

Die Überlegung, ob oder wie schwierig ein Land für Sie zu bereisen ist, hilft Ihnen bei der Auswahl Ihrer Reiseländer.

Als einfach zu bereisen gelten die USA, Kanada, Neuseeland – das ich als Einstiegsreiseland empfehlen kann –, zudem Thailand, Südafrika und Argentinien.

Als schwierige bis sehr schwierige Reiseländer gelten Bolivien, Guatemala, Indien, Russland und China in seinen ländlichen Regionen.

Tipps für die Planung
- Begrenzen Sie sich auf zwei bis vier Länder (die Travellerregel lautet: ein Land pro Monat).
- Prüfen Sie die Länder auf ihre Reihenfolge und das Klima (wann sind günstige oder schlechte Reisebedingungen wie Regenzeiten, Stürme, Hitze).
- Beginnen Sie mit teuren Ländern.
- Nehmen Sie Reisewarnungen ernst.

Das Budget berücksichtigen

Wer im Internet Reisekosten recherchiert, findet Erstaunliches. Die Lebenshaltungskosten unterscheiden sich so gravierend, dass sich für eine Sabbatical-Planung ein genauerer Blick lohnt. Gehen wir von einem Preisniveau in Deutschland aus und vergleichen es mit unseren Nachbarländern.

Am teuersten innerhalb der EU war es in Dänemark, wo das Preisniveau um 41,5 Prozent über dem Durchschnitt aller 28 Mitgliedstaaten lag.[5]

In Portugal sind die Lebenshaltungskosten dagegen 20,6 Prozent billiger als in Deutschland, in Bulgarien sind es sogar 48,3 Prozent weniger. Die nördlichen Länder sind allgemein teurer, in Schweden bezahlen Sie beispielsweise 14,4 Prozent mehr.

Beeinflusst werden die Kurse durch die Weltwirtschaftsmärkte, politische Entscheidungsträger und Krisen (siehe Griechenland). Daher gibt es auch für die Planungen einer Auszeit, die ja zwei bis drei Jahre Vorlauf hat, keine exakten Voraussagen. Dennoch gibt es Länder, in denen das Leben erheblich preiswerter ist als in Deutschland. In Argentinien und in Südafrika ist es rund 41 Prozent billiger, in Indonesien sogar 51,4 Prozent[6] (Vergleich weltweiter Lebenshaltungskosten für 2018). Mit dem

Geld, das Sie für zwei Wochen in Deutschland brauchen, können Sie in Südafrika (ohne Flugkosten) also rund vier Wochen leben.

Haben Sie ein knappes Budget, lohnt es sich, einen Teil der Auszeit in günstigeren Ländern zu verbringen. Aber auch da gibt es Unterschiede. Natürlich sind die Kosten in Großstädten und touristischen Gebieten höher als in ländlichen Gegenden. Und Inseln sind bekanntermaßen attraktiv und teurer als das Festland. Richtig in die Kostenkalkulation Ihrer Auszeit steigen Sie im Kapitel 8 ein.

Die Organisation: Was brauchen Sie noch?

Wenn Sie Ihre Reiseländer ausgewählt haben und sie vielleicht schon in eine Reihenfolge gebracht haben, dann stellt sich die Herausforderung, diese Länder sinnvoll zu erreichen. Große Strecken werden Sie vermutlich mit dem Flugzeug zurücklegen, innerhalb eines Landes oder die Weiterreise ins Nachbarland unternehmen Sie vielleicht langsamer mit Bus oder Bahn. Dabei gibt es auch die Chance, etwas vom Land zu sehen.

Flugticket wählen

Stehen ein oder zwei Länder auf Ihrer Liste, ist es vermutlich günstiger, direkte Hin- und Rückflüge zu buchen und günstige Inlandsflüge oder Busse zu nutzen, um vor Ort je nach Entfernung zu anderen Zielen zu kommen. Sobald auf Ihrer Wunschliste mehrere Reiseländer und verschiedene Erdteile stehen, lohnt sich der Vergleich mit einem Round-the-World-Ticket (RTW-Ticket).

Flugkosten machen meist einen großen Teil der Reisekosten aus. Deshalb ist es gut, abzuwägen zwischen vermeintlich billigen Flügen mit vielen Zwischenstopps, die Flüge schier unendlich in die Länge ziehen können, oder etwas teureren Airlines, die aber bei Terminen und Route eine Flexibilität haben, mit der Sie Ihre Wunschstrecke umsetzen können.

Unter Umständen liegt Ihre Wunschstrecke abseits der üblichen Flugrouten. Wie können Sie Ihre Recherche beginnen?

Suchportale für Flüge

Ich starte meine Planungen gerne mit einer Suchmaschine. So bekomme ich einen Überblick über die Kosten und erhalte Informationen dazu, welche Airlines welche Routen fliegen. Bei der Fülle an Flugportalen – davon allein über 30 größere bekannte Portale – ist die Auswahl groß. In Vergleichstests schneiden die Suchmaschinen für Flüge Momondo und Skyscanner regelmäßig als Testsieger ab. Flüge können Sie über ein Flugportal buchen, direkt bei einer Airline oder auch im Reisebüro.

Round-the-World-Ticket-(RTW-Ticket)

Mit nur einem Flugticket um die ganze Welt zu reisen, ist ein Traum, der mit einem RTW-Ticket möglich ist. Jede Airline hat ein bestimmtes Streckennetz, das Sie nutzen können. Entweder fliegt man im Uhrzeigersinn oder entgegengesetzt um die Welt und Sie kommen wieder im Ausgangsland an. Die Kosten der Tickets variieren, je nachdem wie viele Meilen Sie fliegen und wie viele Kontinente und Stopps darin enthalten sind.

Der Vorteil bei diesen Tickets ist der meist niedrige Preis und dass Sie sich die Route selbst zusammenstellen können. Je nach Anbieter können bei einem Aufpreis auch die Flugdaten geändert werden und Sie können flexibel reagieren, wenn sich Ihre Reisepläne ändern.

Ein RTW-Ticket gilt auch als Rückflugticket, und das kann je nach Einreisebestimmungen eines Landes notwendig sein, um ein Touristenvisum zu erhalten. Dieses Ticket gibt auch das beruhigende Gefühl, immer den Flug nach Hause sicher zu haben, auch wenn Ihnen vielleicht das Geld ausgegangen ist.

Nachteilig ist es, wenn die optimale Länderverbindung, die Sie sich wünschen, nicht auf die Streckenplanung angepasst werden kann. Je nach Reisezielen sind die Meilen, die Sie mit dem RTW-Ticket zurücklegen dürfen, schnell ausgeschöpft und komplizierte Routen können teuer werden. RTW-Tickets gelten maximal ein Jahr. Änderungen bei Route und Zeiten können problematisch sein.

Recherchieren Sie deshalb in Ruhe die Bedingungen und Kosten der jeweiligen Tickets und vergleichen Sie sie mit den Kosten von Einzelflügen.

Einer der großen Anbieter für RTW-Tickets ist: Star Alliance Around-the-World-Ticket

Airlines

Nachdem Sie sich einen Überblick verschafft haben, welche Airlines Ihre Route bedienen, ist ein guter Zeitpunkt, um die Preise der Suchportale gegenzuchecken. Oft erhalten Sie direkt über die Airlines die gleichen Preise und zusätzlich die Möglichkeit, Flüge kostenfrei umzubuchen. Vielleicht möchten Sie länger als ursprünglich geplant zum Beispiel in Argentinien bleiben und einen Abstecher nach Patagonien zu einer Kanutour in die Fjorde machen, was Sie sich bei der Planung Ihrer Reise noch nicht zugetraut hatten. Können Sie Ihren Weiterflug dann auf einen späteren Termin verschieben, ist das Gold wert.

Flexibilität ist in meinen Augen ein großes Plus für lange Reisen und auch ein paar Euro teurere Flüge wert. Es ist nicht selten, dass sich Wünsche ändern oder auch mal Probleme auftauchen, wenn beispielsweise das Flugticket oder ein Voucher verloren geht.

Direkt bei einer Airline zu buchen, hat auch den Vorzug, den Service in Anspruch nehmen zu können. Die Webseiten auch kleinerer Fluggesellschaften sind erfahrungsgemäß übersichtlich gegliedert und mehrsprachig. Sie haben Ansprechpartner, um auch kniffelige Fragen zu lösen und können zusätzliche Angebote wie Hotelreservierungen oder den Transfer zu Ihrer Unterkunft mitbuchen.

Fluggesellschaften buchen den Preis in der Regel in ihrer Landeswährung ab, das kann je nach Kreditkarte zu Mehrkosten führen, wenn die Abbuchung aus dem Ausland erfolgt. Was Sie bei der Wahl einer Kreditkarte für Weltreisen beachten können, finden Sie im Abschnitt »Bargeld und Kreditkarten«.

Reisebüro

Wann waren Sie das letzte Mal in einem Reisebüro? Durch die Fülle an Informationen, die das Internet bietet, ist es zu Unrecht, wie ich meine, aus dem Blick geraten. Reisebüros punkten mit guter Beratung, und die Mitarbeiter kennen Angebote und Fallstricke vor Ort. Gerade für nicht besonders reiseerfahrene Menschen ist ein Reisebüro eine Anlaufstelle, die Zeit sparen kann.

Reisebüros, die sich spezialisiert haben auf Trekkingtouren, Ayurveda oder Yoga, Wandern auf dem Jakobsweg oder Segeltörns, verfügen meist über eine große Menge an Informationen, die helfen, ein Land oder eine Aktivität einzuschätzen.

Nicht jeder will die Welt umrunden. Vielleicht wollen Sie drei Monate in Asien leben und Ihre Auszeit mit zwei Wochen in einem Yoga-Retreat in Thailand beginnen, um dort zur Ruhe zu kommen. Dann kann es entspannter sein, den Einstieg in Ihr Sabbatical über einen Veranstalter zu buchen und die Frage, wie es weitergeht, erst später zu beantworten. Das Internet bietet nicht grundsätzlich die günstigeren Preise. Reisebüros und Onlineportale greifen oft auf die gleichen Datenbanken zu, denen Fluggesellschaften, Hotels und Autovermieter ihre Angebote liefern. Auch hier lohnt es sich zu vergleichen.

Dokumente für die Reise

Sichern Sie grundsätzlich alle Dokumente, die Sie für Ihre Auszeit benötigen! Eine Möglichkeit ist, Reisepass, Führerschein, Impfpass und Flugbuchungen zu kopieren, zu digitalisieren und online zu speichern. Das können Sie in einem Ordner in Ihrem E-Mail-Account tun oder in einer Cloud wie Dropbox. Reisepass und Führerschein als Kopie dabeizuhaben – vielleicht sogar laminiert –, hat noch einen weiteren Vorteil: Sie können die Kopie beispielsweise bei einem Hotel oder einer Automietung als Sicherheit vorlegen.

Reisepass oder Personalausweis

Bleiben Sie in Ihrer Auszeit in Deutschland oder in Europa, dann benötigen Sie wie in Ihrem Alltag einen Personalausweis. Ein kurzer Blick, wie lang Ihr Ausweis noch gültig ist, schadet nicht. So haben Sie in Ihrer Auszeit die Chance, spontan einen Städtetrip nach Prag oder ein Wellnesswochenende auf Sardinien einzuplanen.

Für alle Pläne, die Sie weiter wegführen, benötigen Sie einen gültigen Reisepass. Die meisten Länder auf der Welt verlangen für die Ausstellung eines Visums, dass der Reisepass mindestens noch drei Monate nach der Ausreise aus dem Land gültig ist. Wollen Sie sechs Monate außerhalb Europas leben, sollte Ihr Reisepass also noch mindestens neun Monate gültig sein, damit auch bei der letzten Station Ihres Sabbaticals alles glatt geht.

Sollte Ihr Reisepass in Ihrem Sabbatical ablaufen, beantragen Sie bitte rechtzeitig vor der Abreise einen neuen. Die Bearbeitungsdauer ab der Antragstellung beträgt oft vier bis sechs Wochen. Und dabei ist nicht eingerechnet, wie lange Sie bei Ihrer Behörde auf Termine warten müssen.

Tipp: Sie können Stress vermeiden, wenn Sie vier Monate vor der Abreise spätestens den neuen Reisepass beantragen.

Internationaler Führerschein

In allen europäischen Ländern ist der deutsche Führerschein gültig. Erst wenn es in das weitere Ausland geht, wird das Mitführen eines Internationalen Führerscheins empfohlen oder sogar zwingend erforderlich. Er ist nur in Verbindung mit dem deutschen Führerschein gültig. Sie müssen also beide Dokumente auf Reisen bei sich haben.

Beantragen können Sie den Internationalen Führerschein bei den Führerscheinstellen der Straßenverkehrsämter. Bei der Antragstellung müssen Sie den gültigen Führerschein vorlegen und ein biometrisches Passbild mitbringen. Es kostet circa 15 Euro. Nicht alle Straßenverkehrsämter haben zeitnah Termine frei, beantragen Sie deshalb das Dokument rechtzeitig.

Ein Internationaler Führerschein ist drei Jahre gültig, sofern Ihr nationaler Führerschein nicht vorher abläuft. Seit 2013 gilt eine neue EU-Regelung: Führerscheine haben jetzt ein Ablaufdatum und eine maximale Gültigkeit von 15 Jahren.

Visum

Für die meisten Länder außerhalb Europas benötigen Deutsche ein Visum. Für den Antrag brauchen Sie einen Reisepass, der mindestens noch drei Monate nach Ausreise gültig sein muss. In einigen Ländern wird verlangt, dass der Reisepass bei Einreise noch sechs Monate gültig ist.

Beispiele:
Peru verlangt einen sechs Monate gültigen Reisepass, gültig ab der Einreise. Für 90 Tage wird problemlos bei der Einreise eine sogenannte Einreisekarte ausgestellt. Die muss bei der Aus- oder Weiterreise wieder abgegeben werden (also nicht verlieren). Auch wenn es nicht zwingend vorgeschrieben ist, wird manchmal ein Rück- oder Weiterreiseticket verlangt.

In Neuseeland können Sie sich als Urlauber drei Monate ohne Visum aufhalten, ein Rück- oder Weiterflugticket ist jedoch zwingend erfoderlich.

Die Erteilung eines Visums ist in den meisten Fällen unproblematisch, da es dann direkt bei der Einreise geschieht. Im Flugzeug wird ein Formular ausgeteilt, das ausgefüllt bei der Einwanderungsstelle im Flughafen, der Immigration, abzugeben ist. Reisen Sie über ein Nachbarland per Bus oder Auto ein, wird das Visum am Grenzübergang ausgestellt.

Wichtig: Meist wird im Reiseland nach der Adresse gefragt. Oft haben Sie jedoch keine feste Adresse oder nur ein Hotel für die ersten Nächte. Geben Sie bitte eine tatsächlich existierende Adresse an, die Sie zuvor recherchiert haben. Das kann ein Hotel sein oder eine Backpacker-Unterkunft. Diesen Eintrag nicht auszufüllen, verursacht in vielen Ländern Schwierigkeiten, ganz besonders bei einer Einreise in die USA.

Tipp: Nehmen Sie zwei bis drei Passfotos auf Ihre Reise mit und Bargeld, um ein Visum vor Ort zu beantragen und die Gebühren bezahlen zu können.

Manche Länder stellen Visa nur über die Botschaft ihres Landes aus. Das ist zeitaufwendig und benötigt einen längeren Vorlauf.

Ein Visum wird für einen festen Zeitraum ausgestellt, das können vier Wochen oder 90 Tage sein. Ein Überschreiten der Dauer ist ein ernst zu nehmender Visumsverstoß. Je nach Land kann er mit Abschiebung, Einreiseverbot, einem Bußgeld oder im schlimmsten Fall mit Gefängnis geahndet werden.

Die Dauer eines Visums wird nicht verlängert. Es gibt die Möglichkeit, bei der Einwanderungsbehörde ein Anschlussvisum zu beantragen. Das kostet jedoch Zeit, Geld und Nerven. Eine andere Möglichkeit ist, ins Nachbarland auszureisen und mit aufgefrischtem Visum wieder neu einzureisen. Diese Praxis ist in Asien besonders beliebt und deshalb verschärfen derzeit Länder wie Thailand ihre Kontrollen. Aktuelle Visa- und Einreisebestimmungen finden Sie auf der Seite des Auswärtigen Amtes: https://www.auswaertiges-amt.de/de/ReiseUndSicherheit/reise-und-sicherheitshinweise

Tipp: Das Auswärtige Amt bietet die App »Sicher Reisen« an. Damit können Sie auf Ihre Reise zugeschnittene Reise- und Sicherheitshinweise erhalten, die Adressen der deutschen Vertretungen in Ihren Reiseländern und hilfreiche Checklisten.

Bezahlen im Ausland

Wenn Sie sich längere Zeit im Ausland aufhalten, taucht die Frage auf, wie Sie sich vor Ort mit Bargeld versorgen, ein Hotel oder einen Mietwagen bezahlen und das möglichst ohne zusätzliche Kosten.

Kreditkarte

Sie heben im Ausland bei einer Bank Geld ab oder zahlen mit einer Kreditkarte, und es werden Gebühren fällig. Buchen Sie bei einer ausländischen Airline im Internet und bezahlen mit Kreditkarte, werden ebenfalls Auslandsgebühren fällig. Ohne Kreditkarte ist eine längere Reise allerdings undenkbar. Ein Auto ohne eine Kreditkarte zu mieten, ist fast unmöglich, und wenn eine Kaution hinterlegt werden muss, ist die Kreditkarte die erste Wahl, um große Summen Bargeld zu vermeiden.

Tipp: Holen Sie sich eine Kreditkarte, mit der Sie im Ausland kostenlos bezahlen können. Mit der DKB Visa Card kann man beispielsweise weltweit kostenlos bezahlen und kostenlos Geld abheben, vorausgesetzt, dass Sie entweder Neukunde sind oder monatlich ein Geldeingang von mindestens 700 Euro erfolgt.

Haben Sie für Ihre Auszeit ein monatliches Budget festgelegt, können Sie sich diesen Betrag per Dauerauftrag auf Ihr Konto zahlen.

Bargeld

Ganz ohne Bargeld geht es einfach nicht. Meine Empfehlung ist, einen kleinen Betrag in der Landeswährung mitzunehmen, damit Sie die ersten zwei Tage auskommen, ohne Geld tauschen zu müssen. Es ist entspannter, am Flughafen ein Busticket bis zum Hotel plus Trinkgeld gleich bezahlen zu können. Drucken Sie sich ruhig eine kleine Währungstabelle aus, das erleichtert das Umrechnen der Landeswährung.

Ein Währungsrechner ist beispielsweise Oanda: https://www.oanda.com/lang/de/currency/converter/

Zusätzlich als Reserve ist es gut, Dollar in kleinen Scheinen dabei zu haben. In den meisten Ländern der Welt werden US-Dollars gerne als Zahlungsmittel angenommen.

MoneyGram

Ich selbst bin ein Fan davon, immer einen Plan B in der Tasche zu haben. Sollte doch einmal der Fall eintreten, dass Sie dringend und schnell zusätzlich Geld vor Ort benötigen, dann ist es gut, eine Alternative zu haben. Vielleicht wollen Sie vor Ort ein gebrauchtes Auto kaufen und damit drei Monate durch Australien fahren oder Ihre Kreditkarte wurde gestohlen. MoneyGram ist eine Alternative. Damit können Freunde oder Eltern Geld wahlweise online auf ein Konto oder direkt zur Auszahlung in eine der weltweiten Filialen überweisen.

Gesundheitsvorsorge

Jeder wünscht sich natürlich, unterwegs nicht krank zu werden. Doch genauso wie uns eine Erkältung zu Hause erwischen kann, ist es bei langen Reisen oder Auslandsaufenthalten nicht ungewöhnlich, mal krank zu sein. Man kann sich jedoch gegen eine Reihe von Tropenkrankheiten zuverlässig schützen. Machen Sie sich deshalb Gedanken zum Thema Gesundheit auf Reisen.

Schutzimpfungen

Es gibt Impfungen, die auch hier in Deutschland wichtig sind, dazu gehört an erster Stelle ein Schutz gegen Tetanus, aber auch gegen Diphterie und Polio.

Eine erste Anlaufstelle ist Ihr Hausarzt. Lassen Sie sich über notwendige Impfungen informieren. Wie steht es um Ihren Impfschutz? Welche Impfungen haben Sie bereits und was muss eventuell aufgefrischt werde? Das können Sie aus Ihrem Impfpass ablesen. Dort sind alle bisherigen Impfungen eingetragen und er ist mehrsprachig, sodass Ärzte im Ausland die Möglichkeit haben, den Impfpass zu verstehen.

Für viele Länder reichen die in Deutschland üblichen Impfungen nicht aus. Informationen darüber, welche Impfvorsorge für Ihre Reiseländer notwendig ist, erhalten Sie bei Zentren für Reise- und Tropenmedizin (www.tropeninstitut.de). Auch der Outdoor-Ausrüster Globetrotter bietet eine umfangreiche Impfberatung in seinen Filialen für Traveller an.

> **Beispiel:**
> Für Thailand empfiehlt das Tropeninstitut Impfungen gegen Tetanus, Diphtherie, Hepatitis A und Tollwut (Tollwut allerdings nur bei Trekkingtouren in ländliche Gebiete oder Langzeitaufenthalten).

Für den Körper sind Impfungen anstrengend. Beginnen Sie deshalb rechtzeitig, ruhig sechs bis zwölf Monate vorher, damit eventuelle

Reaktionen auf Impfstoffe in Ruhe ausklingen können. So haben Sie genügend Vorlauf – auch für Impfungen, die wie Hepatitis A zweistufig sind.

Gesetzliche Krankenkassen dürfen Impfungen für Reisen übernehmen. Fragen Sie deshalb bei Ihrer Versicherung nach, ob und welche Impfungen erstattet werden. Das kann die Reisekasse deutlich entlasten.

Gesundheitscheck

Ein Check beim Hausarzt und beim Zahnarzt mit den wichtigsten Vorsorgeuntersuchungen sollte bei keiner längeren Reise fehlen. Besonders wichtig ist der Zahnarzt, denn mit einer Füllung, die sich löst, oder unentdeckten Problemen kann es schnell unangenehm oder gar schmerzhaft werden. Schieben Sie diesen Besuch, der den meisten Menschen eher unangenehm ist, nicht bis zuletzt auf, damit eine eventuell erforderliche Behandlung auch noch durchgeführt werden kann.

Brillenträger sollten unbedingt an eine Ersatzbrille denken. Wenn Ihre Brillenstärke eher schwierig zu beschaffen ist, dann lassen Sie die Gläserstärke beim Optiker feststellen, nehmen den Brillenpass mit oder scannen ihn zumindest ein, um ihn in einer Cloud oder an einem anderen sicheren digitalen Platz zu hinterlegen. Tragen Sie Kontaktlinsen, dann überlegen Sie auch hier, wie Sie sich Ersatz beschaffen können.

Je nachdem, welche Aktivitäten in Ihrer Auszeit auf der Wunschliste stehen, kann auch ein Attest über die Sporttauglichkeit sinnvoll sein, beispielsweise für einen Tauchschein. So können Sie auch Ihre körperliche Fitness leichter einschätzen.

Reiseapotheke

Eine Checkliste für die Reiseapotheke finden Sie gleich hier. Sie können sie auf Ihre persönlichen Bedürfnisse anpassen und ergänzen. Tipps für die Reiseapotheke erhalten Sie bei jeder Apotheke und Ihrem Hausarzt. Das Tropeninstitut gibt ausführliche und gezielte Hinweise für über 350 Länder.

Grundsätzlich gilt: So viel wie nötig, so wenig wie möglich. Die Reiseapotheke soll helfen, kleine Beschwerden zu lindern und vorzubeugen, sie ersetzt im Ernstfall aber nicht den Arzt.

Sie können die Liste kopieren und nach Ihren Bedürfnissen ergänzen.

Checkliste Reiseapotheke

Unbedingt notwendig	Optional
○ Persönliche Medikamente (Pille, chronische Erkrankungen)	○ Bandagen/Mullbinden
○ Kopf- und Schmerztabletten (Paracetamol, Aspirin)	○ Fieberthermometer
○ Wund- und Heilsalbe (Bepanthen)	○ Einmalspritze
○ (Blasen-)Pflaster	○ Malariaprophylaxe
○ Desinfektionsspray/-tücher	○ Herpessalbe
○ Durchfalltabletten (Kohletabletten)	○ Creme für trockene Hände/Lippen
○ Fenistil gegen Mückenstiche (Tigerbalsam, Antihistamine)	○ Thrombosestrümpfe oder -socken (für den Flug)
○ Nasenspray	○ Pinzette
○ Mückenspray	○ kleine Schere
○ Halstabletten	○
Was ist noch wichtig?	
○	○
○	○
○	○
○	○
○	○
○	○
○	○
○	○
○	○

Wichtige Versicherungen

Versicherungen sind ein Thema, mit dem sich die wenigsten Menschen gerne beschäftigen. Glücklicherweise ist das Thema Versicherungen – besonders Krankenversicherung – im Ausland nicht ganz so schwierig. Nehmen Sie sich einen Moment Zeit, ich gebe Ihnen einen kurzen Überblick.

In Deutschland besteht eine Krankenversicherungspflicht, sobald und solange Sie einen Wohnsitz in Deutschland haben. Das bedeutet, Sie haben bereits entweder eine gesetzliche oder private Krankenversicherung.

Krankenversicherung im Ausland

Es gibt Versicherungen, die halte ich für ein Muss, und eine Krankenversicherung gehört definitiv dazu. Eine Infektion im Ausland behandeln zu lassen, kann jeder selber bezahlen. Bei einem Unfall, einem Beinbruch oder einem Rücktransport nach Deutschland sieht das schon anders aus. Diese Kosten können in die Tausende gehen und einen finanziell schnell überfordern. Welche Möglichkeiten gibt es also?

Gesetzliche Krankenversicherungen (GKV) geben ihren Mitgliedern Versicherungsschutz in Ländern, mit denen Deutschland ein Sozialversicherungsabkommen hat. Das ist in den meisten europäischen Ländern der Fall. Es gibt jedoch eine zeitliche Begrenzung für »vorübergehende Aufenthalte«, wie sie üblich für Urlaubsreisen sind.

> **Achtung:** Die gesetzliche Krankenversicherung ist eng mit dem Arbeitsverhältnis verbunden. Wird beispielsweise für ein Sabbatical ein Arbeitsverhältnis gekündigt oder ein Mitarbeiter ohne Lohnzahlung für eine bestimmte Zeit von der Arbeitsleistung freigestellt, so enden nach einem Monat die Leistungen der GKV und Sie müssen sich für die restliche Zeit selbst versichern, auch wenn Sie Ihre Auszeit in Deutschland verbringen. Fast alle Krankenversicherungen bieten Basistarife für solche Zeiten an oder Anwartschaften, um nach einer Auszeit zu den alten Vertragsbedingungen wieder versichert zu werden.

Private Krankenversicherungen bestehen unabhängig vom Arbeitsverhältnis. Sie sind auch im Falle einer Kündigung der Arbeitsstelle weiterzuzahlen, unabhängig davon, ob Sie eine Auszeit in Deutschland oder im Ausland verbringen. Sie können Ihre Versicherung auch ruhen lassen und eine sogenannte Anwartschaft für Ihre Abwesenheit abschließen. Damit sind Sie bei Ihrer Rückkehr unproblematisch weiterversichert. Gerade für Privatversicherte ist das ein wichtiger Faktor, denn damit wird ein Versicherungstarif zu den alten Bedingungen weitergeführt und die sind in der Regel preisgünstiger.

Ein Vorteil der privaten Versicherungen ist, dass sie je nach Anbieter sogar einen weltweiten Schutz von bis zu zwei Monaten geben. Wenn das für Ihre Auszeitziele ausreicht, ist das wunderbar.

Tipp: Starten Sie mit einer Anfrage bei Ihrer Krankenversicherung, egal ob Sie gesetzlich oder privat versichert sind und erkundigen Sie sich:

- Welche Krankheitskosten sind im Ausland abgedeckt?
- Wie lange darf der Aufenthalt im Ausland sein?
- Für welche Länder gilt der Schutz?
- Gibt es eine Auslandskrankenversicherung und was kostet diese?
- Gibt es einen Basistarif oder eine Anwartschaft für die Dauer der Zeit im Ausland?

Lassen Sie sich die Antworten schriftlich geben. Mit diesem Überblick können Sie einschätzen, welche Leistungen Sie für Ihre Auszeit benötigen.

Wenn eine Auslandszusatzversicherung erforderlich wird, vergleichen Sie Leistungen und Preise, zum Beispiel auf einem Vergleichsportal wie www.check24.de/auslandskrankenversicherung.

Mit den günstigen Jahresversicherungen von 10 bis 20 Euro kommt man bei einem Sabbatical nicht weit. Sie gelten zwar für ein Jahr, sind aber meist auf einen Auslandsaufenthalt begrenzt und zusätzlich zeitlich befristet.

Wer bis zu einem Jahr oder länger im Ausland ist, benötigt einen Langzeittarif. In Testvergleichen für Langzeitversicherungen waren

Hanse Merkur und die ADAC Auslandskrankenversicherung bisher immer vorn. Die Auslandskrankenversicherung ist zusätzlich zu Ihrer normalen Krankenversicherung zu zahlen. Für ein Jahr sollten Sie mit circa 400 Euro Kosten rechnen. Das ist ein Betrag, der, wie ich meine, für die eigene Gesundheit gut eingesetzt ist.

Haftpflichtversicherung

Eine Haftpflichtversicherung halte ich nicht nur für Deutschland wichtig, sondern auch auf Reisen. Durch ein Missgeschick oder eine Unachtsamkeit kann ein großer Schaden entstehen oder ein anderer Mensch verletzt werden. Es können Krankenhauskosten anfallen, vielleicht sogar Schmerzensgeld oder eine lebenslange Rente, wenn ein Mensch vielleicht durch einen Unfall, den Sie verursacht haben, behindert oder erwerbsunfähig wird. Dank der vergleichsweise geringen Jahresbeträge einer Haftpflichtversicherung von vielleicht 40 bis 100 Euro sind diese Kosten überschaubar.

Wenn Sie bereits eine Versicherung haben und die auch in Ihren Reiseländern gilt, lassen Sie sie ruhig weiterlaufen. Einen Versicherungsvergleich finden Sie unter anderem auf www.check24.de.

Gepäckversicherungen

Sie sind meist teuer und in der Regel nicht notwendig. Wenn Sie eine Hausratversicherung haben, fragen Sie dort nach, ob Ihr Gepäck über eine sogenannte Außenversicherung mitversichert ist. Dazu können auch ein Fahrrad oder ein Surfboard gehören.

Familie und Freunde einbeziehen

Wann ist eigentlich der richtige Zeitpunkt, um Freunde und Familie in die Auszeitpläne einzuweihen? Das ist eine schwierige Frage. Je nachdem, ob Sie sich drei Monate Auszeit nehmen, an der Ostsee leben und dort an einem Buch schreiben wollen oder ob Sie ein Jahr um die Welt reisen wollen, werden die Reaktionen Ihrer Lieben sehr unterschiedlich ausfallen. Vermutlich ist von Freude für Ihre Pläne bis hin zu Sorgen alles dabei. Und das muss man auch selbst verkraften, ohne sich davon anstecken zu lassen. Wir wollen ja unsere Vorfreude und unser Vertrauen nicht verlieren.

Tipp: Ihr Entschluss, eine Auszeit zu nehmen, ist das Wichtigste, und den sollten Sie zuerst stärken. Suchen Sie deshalb den Austausch mit Menschen, die Ihre Idee unterstützen. Mit Zweifeln und Ängsten Ihres Umfeldes können Sie sich später auseinandersetzen. Lesen Sie Blogs und Foren von Auszeitlern oder nehmen Sie Kontakt zu Globetrottern auf. Diese Menschen berichten gerne über ihre Erlebnisse, und das kann inspirieren und motivieren. Vielleicht haben Arbeitskollegen von Ihnen auch schon ein Sabbatical gemacht. Dann können Sie auch gleich erfahren, wie Ihr Arbeitgeber damit umgeht.

Menschen aus Ihrem persönlichen Umfeld, die eher besorgt um Sie sind oder ängstlich, sind zu diesem Zeitpunkt nicht hilfreich. Gerade jetzt ist es entscheidend, Ihren Entschluss und Ihr Selbstvertrauen zu stärken. Dazu trägt das Wissen bei, wie viele Menschen vor Ihnen schon eine Auszeit gemacht haben und sie auch genossen haben. Und glauben Sie mir, es gibt kaum einen Menschen, der keine Sorgen hat, sei es krank zu werden oder sich einsam zu fühlen. Mehr dazu erfahren Sie im Abschnitt »Heimweh«.

Nicht jeder aus Ihrem Umfeld wird also gleich Freude und Begeisterung für Ihre Pläne aufbringen. Vielleicht werden Sie von negativen Reaktionen überrascht, gerade von Menschen, die Ihnen nahestehen. Sorgen, die häufig geäußert werden, sind:

- Bei so einer Reise/Auszeit kann nicht alles klappen (gewarnt wird vor Unfällen, Krankheit und Überfällen).
- Nach der Rückkehr sind Sie in der Firma abgeschrieben, es ruiniert die Aufstiegschancen.
- Freunde machen Vorwürfe, Sie würden sie verlassen und die Freundschaft könne zerbrechen.

Da hilft nur eines: Ruhe bewahren! Lassen Sie die Menschen, die Ihnen nahestehen, ausreden. Deshalb ist es so wichtig, dass Ihr Entschluss innerlich stark ist. Vielleicht ist Ihr Gegenüber einfach neidisch, weil er oder sie sich so eine Auszeit nicht zutraut. Meist ist das unbewusst, dann können Sie Ihre Beweggründe erklären. Doch nicht jeder Freund lässt sich überzeugen und auch deshalb ist es wichtig, sich nicht verunsichern zu lassen, sondern das Vertrauen in Ihre Pläne zu stärken.

Mit Beginn der Auszeit tauchen die ersten Bitten der Daheimgebliebenen auf, sich zu melden – egal ob Sie auf großer Reise sind oder sich eine Auszeit nehmen, um von Ihrem Beruf und Ihrem Alltag abzuschalten, und sich »nur« an der Ostsee für drei Monate einquartieren.

Überlegen Sie, wie intensiv Sie den Kontakt während Ihrer Auszeit halten wollen. Wer im Alltag täglich in Social-Media-Foren liest und postet, wird das vermutlich auch in der Auszeit regelmäßig machen und vielleicht begeistert einen Reiseblog schreiben.

Möglicherweise ist ein Sabbatical für Sie eine Chance, sich eine Weile aus der Kommunikation herauszuziehen, also nicht selbstverständlich erreichbar oder ansprechbar zu sein.

Klären Sie deshalb vorher mit Ihrer Familie und engen Freunden, wie oft Sie sich melden wollen. Das kann ein kurzer Anruf sein oder eine E-Mail, sobald Sie in einem neuen Land angekommen sind: »Alles in Ordnung, ich bin in xy... und mir geht es super.« Vielleicht haben Sie auch das Bedürfnis, von Ihren Erlebnissen zu erzählen und zu hören, was zu Hause passiert, dann melden Sie sich ruhig häufiger.

Wichtig ist, dass Sie sich mit dem Rhythmus gut fühlen. Versprechen Sie nur das, was Sie auch halten wollen. Den Eltern zu sagen, dass Sie sich täglich melden, und es dann nicht zu tun, führt nur zu Sorgen und ständigen Anrufen. Im Laufe eines Sabbaticals werden Sie und Ihre Familie entspannter und die Abstände in der Kommunikation pendeln sich neu ein.

In Verbindung zu bleiben, war dank Internet noch nie so einfach wie heute. Die meistgenutzten Wege sind das Internet, Mobilfunk, Social Media und Blogs. Hier kommt ein kurzer Überblick:

Internet: Mit einem internetfähigen Notebook, Tablet oder Smartphone sind Sie auf der ganzen Welt autark. Sie können unterwegs Unterkünfte oder Flüge recherchieren und buchen. Mit Onlinebanking

haben Sie Ihre Kontobewegungen im Blick und unzählige Apps können Sie unterstützen. (Mehr dazu im Abschnitt »Hilfreiche Apps«.)
Öffentliches WLAN und Hotspots für die Nutzung eines Smartphones oder Tablets gibt es weltweit. In den meisten Hotels und Cafés wird es kostenlos zur Verfügung gestellt. Internetcafés werden dagegen immer seltener. Und doch sind sie interessant für alle, die sich unterwegs nicht mit dem Gewicht eines Notebooks oder teurem Equipment belasten wollen. Nicht jeder will einen Reisebericht mühsam auf einem Smartphone schreiben.

Skype: Skype ermöglicht das kostenlose Telefonieren zwischen Skype-Kunden via Internet und ist eine Möglichkeit, mit Freunden und Familie in Verbindung zu bleiben. Die App gibt es kostenlos.

Tipp: Richten Sie sich einen Skype-Account ein und testen Sie das Skypen vorher. Wenn Eltern oder Freunde nicht so technikerfahren sind, ist es hilfreich, Skype auch bei ihnen schon einzurichten und im Alltag zu benutzen. Dann gibt es während Ihrer Auszeit keine Überforderung durch die Technik.

Mobilfunk: Innerhalb Europas ist die Handynutzung mit WLAN über den eigenen Tarif sehr kostengünstig. Im ferneren Ausland wie Asien oder Lateinamerika können Sie überlegen, eine günstige Prepaidkarte mit Datenflat zu kaufen und sind so erreichbar.

Social Media: Facebook, Instagram, WhatsApp und Blogs sind im Alltag der meisten Menschen verankert. Da liegt es nahe, sie auch in der Auszeit zu nutzen und Freunde wissen zu lassen, wo Sie gerade sind und wie es Ihnen geht. Blogs erfreuen sich einer riesigen Beliebtheit. Sie können festlegen, wer aus dem Familien- oder Freundeskreis Zugang erhält, Berichte und Fotos einstellen, um so andere an Ihren Erlebnissen schon während der Auszeit teilhaben zu lassen. Das ist für alle spannender, als nach dem Sabbatical unendlich viele Fotos anzusehen. Zudem geraten Sie während der Auszeit nicht in Vergessenheit.

In meiner Auszeit in Neuseeland habe ich gerne in Internetcafés oder am Computer im Hostel gesessen und über meine Erlebnisse geschrieben. Nach ein bis zwei Wochen habe ich meine Reiseberichte wie einen Newsletter an meine Freunde gemailt und sie so auf dem Laufenden gehalten. Mit meinen engsten Freunden fand dadurch ein intensiver Gedankenaustausch statt, oftmals intensiver als vorher im Alltag. Mein Bruder druckte die E-Mails für meine Eltern aus und die verfolgten meine Reise mit Begeisterung. Meine Mutter hat die E-Mails heute noch aufbewahrt.

Es hat viele Vorteile, mit Smartphone oder Tablet unterwegs zu sein. Einen Nachteil gibt es für mich allerdings. Ist man ständig erreichbar, muss man auch selber reagieren. Vielleicht verbringen Sie dadurch viel mehr Zeit vor dem Rechner, als Sie eigentlich wollten.

> **Tipp:** Nutzen Sie die Zeit für die Kommunikation bewusst und vergessen Sie nicht, dass es in Ihrer Auszeit darum geht, für neue Erlebnisse und Erfahrungen Zeit und Möglichkeit zu haben und nicht den Alltag weiterzuleben.

Infomappe

Sind Sie in Ihrer Auszeit länger als die üblichen zwei Urlaubswochen weg, ist eine zuverlässige Person zu Hause unverzichtbar, die weiß, wo Sie sich in der Welt herumtreiben – auch wenn es der vierwöchige Sprachkurs auf Malta ist – und die sich um Ihre Wohnung und Post kümmert und als Ansprechpartner in Deutschland hilft, wenn es mal Probleme gibt.

Natürlich können Sie in unserer digitalisierten Welt Ihre Bankkonten per App über das Smartphone checken und sich die Post scannen und mailen lassen. Wer jedoch eine Zeitlang bewusst ohne diese Alltagsverpflichtungen sein will, benötigt eine Vertrauensperson, die

- die Post von Behörden und Versicherungen liest und sie eventuell beantwortet. Besonders gegen Jahresende schicken die meisten Versicherungen Rechnungen und neue Policen. Oder Strom- und Wasserzähler müssen abgelesen werden.

- die Bankkonten überprüft, damit nichts missbräuchlich abgebucht wird.
- Ansprechpartner für Vermieter oder Hausverwaltung ist (auch der Wasserschaden beim Nachbarn kann zu Problemen in Ihrer Wohnung führen).
- die Zimmerpflanzen gießt, wenn sie nicht verschenkt werden oder bei Freunden Asyl gefunden haben.
- sich um Ihr Auto oder Motorrad kümmert, wenn Sie eines haben.

Eine Vertrauensperson ist auch wichtig, wenn es doch einmal Probleme geben sollte. Vielleicht ist die Kreditkarte defekt und eine Ersatzkarte wird zugeschickt oder sie benötigen eine Geldüberweisung ins Ausland.

Das ist natürlich eine verantwortungsvolle Aufgabe und nicht jeder Freund wird das übernehmen wollen. Sprechen Sie es rechtzeitig an und erteilen Sie die notwendigen Vollmachten. Das kann eine allgemeine Vollmacht sein, Muster dafür gibt es beispielsweise unter www.vollmacht-muster.de. Banken haben ihre speziellen Vollmachten, fragen Sie dazu bei Ihrer Bank nach.

Ihrer Vertrauensperson sollten Sie eine Infomappe übergeben, die Folgendes enthält:

- Kontaktdaten: E-Mail-Adresse und Mobilnummer, unter der Sie erreichbar sind;
- eine grobe Routenbeschreibung und die Flugbuchungen;
- Informationen über bestehende Versicherungen, damit jemand von Zuhause bei Versicherungsansprüchen helfen kann;
- eine Übersicht über Konten, laufende Zahlungen, Eingänge und Verpflichtungen;
- eventuell Angaben zu einem Untermietverhältnis;
- Angaben zum Vermieter und Arbeitgeber;
- Notfallnummern (Familienangehörige mit Adresse und Telefonnummer, an die sich Ihre Vertrauensperson wenden kann);
- eine Liste der Deutschen Botschaften und die entsprechenden Kontaktdaten.

Diese Liste soll Ihnen Anregungen für Ihre Infomappe geben. Lassen Sie ruhig alles weg, was auf Ihr Sabbatical nicht zutrifft und vervollständigen Sie Ihre Besonderheiten.

Vielleicht seufzen Sie jetzt. Natürlich ist das aufwändig. Lassen Sie sich jedoch nicht entmutigen. Sie werden feststellen, dass Sie sich mit den einzelnen Punkten im Laufe der Vorbereitungen sowieso beschäftigen und dann gleich für die Infomappe sammeln können. Reisedokumente sollten Sie ohnehin online speichern.

Wohnungsübergabe

Was machen Sie mit Ihrer Wohnung in der Auszeit? Wollen Sie Ihre Wohnung kündigen, oder soll sie lieber frei bleiben oder untervermietet werden?

Wohnung untervermieten

Wer länger als drei Monate auf Reisen ist, sollte ruhig über eine Untervermietung nachdenken, denn damit können Sie Ihre Reisekasse enorm aufbessern.

Achtung: Wenn Sie Ihre Wohnung gemietet haben, ist für eine Untervermietung das Einverständnis des Vermieters erforderlich. Am besten schriftlich, damit es keine Missverständnisse gibt.

Überlegen Sie, welche Unterlagen, Lieblingsstücke oder Wertgegenstände nicht in der Wohnung bleiben sollen und wo Sie sie für die Zeit unterstellen können. Die positive Seite einer Untervermietung ist, dass Sie sich dann nicht um die Wohnung kümmern müssen und Sie eventuell sogar jemanden haben, der sich um Post und Pflanzen kümmert.

Auch für eine Untervermietung ist ein schriftlicher Mietvertrag über Miethöhe und andere Vereinbarungen gut, damit es nicht zu unangenehmen Überraschungen kommt. Mietverträge finden Sie als Standardformulare kostenlos im Internet: www.immobiliensscout24.de oder www.mieterverband.de.

Wohnung behalten

Bleibt die Wohnung leer, ist es gut, jemanden zu haben, der sich um Wohnung, Post und Pflanzen kümmert. Auch wenn Sie auf Reisen sind, wird vielleicht der Wasser- oder Stromzähler abgelesen, beim Nachbarn läuft die Waschmaschine aus oder die Hausverwaltung muss einen Handwerker in Ihre Wohnung schicken. Dafür ist es gut, jemanden vor Ort zu haben, der in einem dringenden Fall mit Ihnen in Kontakt treten und handeln kann.

Wohnung kündigen

Für manche Auszeitler ist es sinnvoll, die Wohnung zu kündigen, die Möbel zu verkaufen oder sich eine Lagerbox anzumieten. Diesen Service bietet beispielsweise www.lagerbox.com an.

Wohnsitz aufgeben

Möglicherweise denken Sie darüber nach, Ihren Wohnsitz in Deutschland für die Dauer der Auszeit aufzugeben. Das sollte gut überlegt sein. Vorteilhaft daran ist, dass Sie dann Krankenversicherungskosten einsparen. Über die Auslandskrankenversicherung sind Sie jedoch innerhalb Deutschlands nur für Notfallbehandlungen versichert. Eine Abmeldung hat auch Nachteile:

- Ohne Wohnsitz besteht kein Anspruch auf Sozialversicherungsleistungen.
- Wo wird Ihnen ohne Wohnsitz Post zugestellt?
- Ohne Wohnsitz können Sie kein Auto anmelden und kein Gewerbe ausüben.
- Wer Mieteinnahmen oder andere Einkünfte hat, ist weiter steuerpflichtig und auch dafür benötigen Sie eine Zustelladresse.

Post

Auch wenn inzwischen die Zahl der per Post eingehenden Briefe deutlich gesunken ist, so ganz ohne Post läuft es dennoch nicht. Wie gehen

Sie also mit der eingehenden Post um? Ein Postnachsendeauftrag an Ihre Familie ist eine Möglichkeit. Wollen Sie es selber in der Hand behalten, bietet beispielsweise die Deutsche Post einen E-Post-Service an, der Ihre Post digitalisiert und Ihnen per E-Mail zuschickt.

Letzte Schritte

Was bleibt noch zu tun, bevor Sie sich auf den Weg ins Sabbatical machen? Stellen Sie Ihr Reisegepäck mindestens zwei Wochen vor der Abreise fertig zusammen. So ist noch Zeit, Fehlendes zu ergänzen und die Menge zu reduzieren – meist nimmt man viel zu viel mit. Übergeben Sie Ihre Wohnung und die Infomappe an die Person Ihres Vertrauens. Je nach Naturell schmeißen Sie eine Abschiedsparty und starten unbekümmert ins Abenteuer. Ich wünsche Ihnen tolle Erlebnisse und eine gute Reise.

Hier noch eine Checkliste mit einem groben Zeitplan zur Sabbatical-Vorbereitung und eine Packliste. Passen Sie die Listen an, streichen und erweitern Sie nach Ihren Bedürfnissen.

Eine spannende Zeit liegt vor Ihnen. Für eine gelungene Vorbereitung Ihres Sabbaticals beispielsweise außerhalb Ihrer gewohnten Umgebung in einem anderen Land sind einfach viele Dinge zu einer gelungenen Vorbereitung zu beachten. Diese Checkliste ist ein Fahrplan, der Sie bei der Planung und Organisation Ihres Sabbaticals unterstützt.

Ich wünsche Ihnen Offenheit für alle Erfahrungen, die mit Ihrer Reise, äußerlich wie innerlich, auf Sie zukommen. Und kommen Sie voll Freude und Gelassenheit, reich angefüllt mit Bildern und Gefühlen wieder zurück.

Checkliste für das Sabbatical XL

Dauer: 9–12 Monate und länger

Mit der Entscheidung für das Sabbatical
○ Anfangen, Geld zu sparen
○ Eventuell Reisepartner suchen
○ Was sind Ihre Pläne? Sammeln Sie Informationen über Reiseländer, Fortbildungen, Projekte und alles, was Sie in der Zeit machen wollen.
○ Fremdsprache auffrischen oder neu lernen
○ Überlegungen, welches Arbeitszeitmodell zwölf Monate freie Zeit schaffen kann

Ein Jahr vor dem Sabbatical
○ Familie einweihen
○ Über Impfungen informieren (Welche müssen aufgefrischt werden?)
○ Kündigungsfristen für unnötige Verträge heraussuchen
○ Pläne konkreter machen
○ Reiseroute eingrenzen
○ Arbeitgeber in Sabbatical-Wunsch einweihen und Auszeit beantragen (je nach Arbeitszeitmodell auch früher)

Ein halbes Jahr vor dem Sabbatical
○ Bei einer Reise die Verbindungen, das Reisewetter und Einreisemodalitäten recherchieren
○ Freunde über Auszeit informieren
○ Impfberatung
○ Reisepass beantragen oder Gültigkeit überprüfen
○ Finanzen und Papiere ordnen
○ Unnötige Dinge verkaufen und Ballast abwerfen
○ Einen Ansprechpartner des Vertrauens für die Kommunikation mit der Heimat gewinnen

Vier Monate vor dem Sabbatical
○ Route und/oder Projekte festlegen
○ Information über An-, Ein- und Weiterreise einholen
○ Reiseführer und Literatur besorgen
○ Tickets kaufen

- ◯ Ausrüstung kaufen
- ◯ Spätestens jetzt Vertrag mit dem Arbeitgeber schließen oder kündigen
- ◯ Wohnung kündigen oder Untermieter suchen
- ◯ Zeitschriften abbestellen

Drei Monate vor dem Sabbatical

- ◯ Gesundheitscheck bei Hausarzt, Zahnarzt, Augenarzt; Ersatzbrille, Reiseapotheke, Dauermedikation
- ◯ Impfberatung und Impfprogramm beginnen
- ◯ Eventuell Reisekonto eröffnen
- ◯ Kreditkarte auf Gültigkeit prüfen oder neue beantragen
- ◯ Internationalen Führerschein besorgen
- ◯ Keine neue Beziehung anfangen

Zwei Monate vor dem Sabbatical

- ◯ Für eine Reise Auslandsreisekrankenversicherung abschließen
- ◯ Wohnung untervermieten
- ◯ Visa beantragen

Ein Monat vor dem Sabbatical

- ◯ eventuell Auto abmelden, Kfz-Versicherung informieren
- ◯ Ausrüstung testen und vervollständigen, Listen und Fotos machen für Versicherung
- ◯ Rucksack/Koffer probepacken
- ◯ Reisechecks und Bargeld besorgen
- ◯ Sind beantragte Papiere und Dokumente vollständig?
- ◯ Infomappe für Daheim mit allen nötigen Informationen, Kontaktdaten, Checklisten, Dokumentkopien, Reiseroute und so weiter zusammenstellen
- ◯ Kopien aller Dokumente machen. Einscannen, an eigene E-Mail-Adresse schicken (für den Fall eines Verlustes)
- ◯ Medikamente und Drogerieartikel kaufen

Zwei Wochen vor dem Sabbatical

- ◯ Ist die Ausrüstung vollständig?
- ◯ Generalprobe für den Abreisetag: alles packen, Haus verlassen, Gepäck zur Probe tragen
- ◯ Letzte Impfungen

Unmittelbar vor dem Sabbatical
○ Haus oder Wohnung sichern, bei Untervermietung übergeben
○ Schlüssel- und Dokumentenübergabe
○ Abschiedsparty und unbesorgt abreisen

Packliste für Ihre Reise

Diese Packliste ist aus den Erfahrungen vieler Weltenbummler, Reisenden und Digitalnomaden entstanden und enthält alles, was man bei einer Weltreise braucht. Je nach Reiseziel oder -art lassen Sie die nicht benötigten Sachen aus der Packliste einfach weg.

Aufbewahrung	Geld und Dokumente
○ Rucksack mit Regencape	○ Flug- und Bahntickets
○ Tagesrucksack mit Regencape (ca. 10–20 Liter) oder Umhängetasche	○ Adresse der ersten Unterkunft
○ Geldgürtel oder Hip Bag/Gürteltasche für Wertsachen	○ Währungstabelle des ersten Landes ausdrucken
○ Faltbare Tasche oder kleine Tasche für City/Strand	○ Reisepass und laminierte Reisepasskopie
○ Hängekulturbeutel	○ Kreditkarte (VISA Card & MasterCard als Backup)
○ PacSafe mit Zahlenschloss für Wertgegenstände oder Technik (Schlüssel kann man verlieren, lieber ein Zahlenschloss kaufen)	○ Versicherungskarte der Auslandskrankenversicherung/Tauchversicherung
○ Zipperbeutel oder Stoffbeutel	○ 100 bis 300 US-Dollar Bargeld und Euro in sinnvoller Stückelung
○ Wäschebeutel für Schmutzwäsche (Mülltüte)	○ Nummer und Adresse der Auslandsversicherung, Sperrnummern der Kreditkarten, Blutgruppe und Kontakt zu Hause.
○ Rucksackzahlenschlösser für Rucksack, Locker in Hostels	○ Impfpass, Allergiepass oder Unverträglichkeiten

OPTIONAL	
○ Kompressionsbeutel	○ 10 Passbilder (für Visa-on-Arrival)
○ Wäschebeutel	○ Internationaler Führerschein

○ Dry Bag	○ Internationaler Studentenausweis
○ Wasserdichte Beutel	○ Tauchschein & Logbuch
○ Spanngurte zum Befestigen von Sachen am Rucksack	○ Bootsführerschein
○ Karabinerhaken	○
○ Wasserflasche	○

Utensilien	Technik
○ Kofferanhänger	○ Digicam, Kameratasche, Ladekabel, Speicherkarten, Ersatz Akku, USB-Kabel, Kartenleser
○ Reiseführer mit magnetischem Lesezeichen	○ Weltreiseadapter
○ Kleines Notizbuch und Stifte	*Optional*
○ Sonnenbrille mit Etui	○ USB-Stick
○ Taschenmesser – nicht ins Handgepäck	○ Externe Festplatte als Backup für Fotos
○ Travel-Handtuch klein und groß	○ MacBookAir mit Ladekabel, Kopfhörer, Neoprenhülle
○ Tuch (Sarong)	○ iPad mit Ladekabel, Neoprenhülle, Bluetooth-Tastatur
○ Schlafmaske	○ iPhone ohne SIM-Lock mit Ladekabel
○ Ohrenstöpsel	○ PowerTube (mobiler Akku)
Optional	○ iPod Nano mit Ladekabel & Kopfhörer
○ Pointer	○ Amazon Kindle
○ Feuerzeug	○ Taschenlampe oder Stirnlampe mit Batterien oder Akku mit Solarladestation
○ Trillerpfeife mit Geheimfach	○ Reiseföhn
○ Buch	○ Mehrfachsteckdose mit langem Kabel
○ Seiden-Inlett für Schlafsack	○ Action-Kamera
○ Nackenkissen	○ Kompass/GPS-Gerät
○ Moskitonetz & Befestigung	○
○ Sisalschnur	○
○ Wäscheleine/-klammern	○

○ Sicherheitsnadeln	○
○ Zelt, Isomatte, Schlafsack,	○
○ Campinggeschirr	○
○ Schlafsack je nach Klimazone	○
○ Spielkarten, Würfel	○
○ Waschmittel	○
○ Näh- und Flickzeug	○

Kleidung	Kosmetik
○ Kapuzenpulli oder Jacke	○ Sonnenmilch mit hohem Lichtschutzfaktor
○ Lange Stoffhose oder Jeans	○ Zahnbürste/Zahnpasta
○ Sportsocken (atmungsaktiv/ schnelltrocknend)	○ Gesichtswaschlotion
○ Unterwäsche für 7 Tage	○ Gesichtscreme
○ Sport-BH (atmungsaktiv/schnelltrocknend)	○ Kamm/Bürste
○ Bikini/Badeshorts	○ Deo
○ Kurze Hosen	○ Lippenpflege mit Lichtschutzfaktor
○ Tops	○ Duschgel oder Seife
○ T-Shirts	○ Shampoo
○ Buff-Tuch 2 Stück (als Hals- und Kopftuch)	○ Zahnseide
○ Sneakers	
Optional	*Optional*
○ Basecap oder Hut	○ Gesichtswasser
○ ¾-Hose	○ Parfüm
○ Zip-off-Hose	○ Flüssigseife (biologisch abbaubar)
○ dünne Tarnhose	○ Haarkur
○ Gürtel	○ Nagelschere/Nagelknipser/Feile
○ Funktionsjacke	○ Pinzette
○ Regencape, Regenjacke, Regenhose	○ Handcreme
○ T-Shirts	○ Haargummis/Haarspange
○ Fleecejacke	○ Wattestäbchen/Wattepads

○ Flip-Flops oder Sandalen	○ Taschentücher
○ Trekkingschuhe oder leichte Laufschuhe	○ Toilettenpapier oder Feuchttücher
○ Abendgarderobe	○ Taschenspiegel
○ Ballerinas zum Ausgehen	○ Tampons/Menstruationstasse/Slipeinlagen
○ Mütze/Schal/Handschuhe	○ Make-up
○ Thermounterwäsche	○ Schmuck
○ Schlafanzug	○ After-Sun-Lotion
○	○ Vitamintabletten
○	○ Kondome

Daypack für den Flug	
○ Feuchttücher fürs Gesicht	*Optional*
○ Kleines Reisehandtuch	○ Kleines Reisekissen, aufblasbar
○ Reisezahnbürste/Zahnpasta	○ Thrombosestrümpfe oder -socken
○ Schlafmaske	○ Bequeme Leggins
○ Ohrstöpsel	○ Buff-Tuch für Hals
○ Creme für trockene Hände/Lippen	○
○ Reiseproviant	○
○ Nasenspray	○

Scannen und digital hinterlegen	
○ Flugtickets	*Optional*
○ Buchungsbestätigungen (zum Beispiel das erste Hostel)	○ Allergiepass
○ Versicherungsdokumente wie Auslandskrankenversicherung oder Reisegepäckversicherung	○ Tauchausweis
○ Reisepass	○ Bewerbungsdokumente
○ Internationaler Führerschein	○ Passbilder
○ Notfallnummern, Adressen & Geburtstage	○
○ Impfpass	○

Was darf auf Ihrer Reise auf keinen Fall fehlen? Ergänzen Sie die Liste nach Ihren Bedürfnissen.

Tipps fürs Gelingen
- Fangen Sie so früh wie möglich mit Ihrer Planung an!
- Informieren Sie sich über die Länder und Ziele, die Sie haben!
- Machen Sie Pläne über Ihre Ziele, die Reisechecklisten und was zu tun ist!
- Senken Sie Ihre laufenden Kosten und sparen Sie!
- Ignorieren Sie Zweifler und vertrauen Sie Ihrem Traum!
- Starten Sie die Gesundheitsvorsorge!
- Hören Sie auf zu planen und »machen« Sie einfach!

Allein oder mit anderen reisen

Im Laufe der Planung taucht oft die Frage auf, ob man lieber allein oder mit einem vertrauten Menschen in ein Sabbatical starten will oder sich sogar einen Reisepartner sucht. Für den Einen bedeutet allein zu reisen Freiheit, für den Nächsten ist es der pure Stress.

Eine gute Nachricht vorweg: In einem Sabbatical sind Sie selten wirklich allein. Aber Hand aufs Herz, wer hat sich im Alltag trotz Familie oder Freundeskreis noch nie einsam gefühlt? Solche Momente kennen wir, vielleicht machen sie deshalb auch Angst. Wie gut, dass es Strategien gibt, damit umzugehen.

Ich bin in meinen Sabbaticals allein gereist und habe es genossen. Auf den Reisen habe ich Paare getroffen, Alleinreisende und Menschen, die unterwegs Gleichgesinnte fanden und eine Zeitlang mit denen gemeinsam unterwegs waren. Für jede Wahl gibt es gute Gründe, die dafürsprechen, und auch einige Nachteile, die ich Ihnen nicht vorenthalten möchte.

Allein reisen: Wenn Sie in Ihrem Sabbatical allein sind, können Sie tun und lassen, was nur Sie wollen. Sie haben die Freiheit zu entscheiden, wohin es geht, wie lange Sie an einem Ort bleiben und können Ihre Pläne jederzeit ändern, wenn Sie es möchten. Es gibt keinen Streit über die nächsten Ziele und keine Auseinandersetzung, wofür die Reisekasse eingesetzt wird.

Nachteile hat das Alleinreisen natürlich auch. Sie suchen eine Unterkunft, recherchieren die nächste Reiseverbindung oder die nächste Sprachschule? Die Organisation liegt allein in Ihrer Hand. Zu zweit lassen sich viele Dinge leichter bewältigen, wie Hotelsuche und parallel das Gepäck zu beaufsichtigen.

Auch müssen Sie als Einzelperson stärker auf Ihre Sicherheit achten. Für Diebe beispielsweise sind Alleinreisende leichter abzulenken als Paare. Mehr dazu, wie Sie sich selbst schützen und Übergriffen vorbeugen können, lesen Sie im nächsten Abschnitt »Sicherheit unterwegs«.

Allein sind die Ausgaben meist höher. Einzelzimmer in Hotels sind teurer als Doppelzimmer und der Preis beispielsweise für einen Mietwagen kann nicht durch mehrere Personen geteilt werden.

Es fehlt auch jemand, mit dem man nach der Auszeit auf gemeinsame Erlebnisse zurückblicken kann. Und wenn man mal krank ist und mit einem fiebrigen Infekt allein im Hotelzimmer liegt, ist keiner hilfreich dabei, der einen umsorgt.

Tipps fürs Alleinreisen
- Seien Sie offen und freundlich zu Ihren Mitmenschen.
- Suchen Sie bevorzugt Orte aus, an denen Sie nette Reisebekanntschaften machen können. Das sind beispielsweise Hostels mit Gemeinschaftsräumen, einem Kochbereich oder Garten zur gemeinsamen Nutzung.
- Bekanntschaften lassen sich leichter machen, wenn Sie mit Gleichgesinnten zusammen sind. Die finden Sie in Tauch- oder Surfschulen und bei Sprachkursen. Auch organisierte Touren oder mehrtägige Ausflüge bieten gute Gelegenheiten.

Reisen mit Freund oder Lebenspartner: Eine Auszeit mit einem Freund oder Ihrem Lebenspartner zu planen, ist eine tolle Sache. Vorbereitungen machen zu zweit einfach viel Spaß. Die To-do-Liste lässt sich zu zweit schneller abarbeiten und wenn einer gerade in ein Loch fällt, kann der andere Mut machen.

Nachteile gibt es auch hier. Ein Sabbatical ist auch immer ein Test für eine Beziehung oder eine Freundschaft. Es gibt wenig Rückzugsmöglichkeiten und mehr stressige Situationen als zu Hause. Und wenn es hält, und das hoffe ich für Sie, ist eine Beziehung stabiler und fester als vorher. Wer wünscht sich das nicht?

Reisen mit einem fremden Reisepartner: Vielleicht ist Ihnen das auch schon passiert: Sie planen einen Kurzurlaub mit Bekannten und haben das Gefühl, dass Sie gemeinsame Interessen haben und es klappen wird. Aber nach kurzer Zeit stellen Sie fest, dass grundlegende Dinge nicht stimmen. Vielleicht passen die Bedürfnisse nicht zusammen, wie viel Kultur oder Nachleben es denn sein soll oder die Ansprüche an Komfort weichen um Längen voneinander ab.

Mit fremden Reisepartnern gibt es ein hohes Risiko, dass es nicht funktioniert. Es kann gutgehen, muss aber nicht. Deshalb sollten im Vorfeld auch diese Bedenken angesprochen werden und wie Sie im Notfall damit umgehen. Gut ist es, wenn beide Beteiligten notfalls allein weiterreisen können.

Sicherheit unterwegs

Ein Portemonnaie kann in der Fußgängerzone in Bonn, am Flughafen in London oder überall auf der Welt gestohlen werden, eine hundertprozentige Sicherheit gibt es nirgendwo. Dennoch möchte ich Ihnen ein paar Gedanken zum Thema Sicherheit ans Herz legen.

Informieren Sie sich über das Land und die Gepflogenheiten. Das hilft, vor Ort nicht negativ aufzufallen und sich nicht unnötig in Gefahr zu begeben. Verantwortungsbewusstes Reisen und ein paar Verhaltensregeln helfen Ihnen, Risiken zu reduzieren und sich wohler zu fühlen.

Reisewarnungen: Achten Sie auf Reisewarnungen und Sicherheitstipps des Auswärtigen Amtes. Länder, für die das Auswärtige Amt eine Reisewarnung ausspricht, sollten Sie von Ihrer Reiseliste streichen.

Ihr gesunder Menschenverstand: Das beginnt mit der Kleidung und dem Äußeren. Je ärmer ein Land ist, desto weniger sollte Reichtum zur Schau gestellt werden. Auffälligen Schmuck und Uhren meiden Sie lieber. Den Kleidungsstil im Zweifel etwas dezenter als zu Hause wählen und eher an die Bevölkerung vor Ort anpassen. In vielen Ländern wird sich nicht so freizügig und körperbetont gekleidet. Wenn Einheimische nicht nackt am Strand liegen, sollten Sie auch davon Abstand nehmen. Gehen Sie außerdem Gefahren aus dem Weg und hören Sie auf Ihr Bauchgefühl!

Bargeld und Papiere: Das Wichtigste Ihres Gepäcks gehört an Ihren Körper. Deshalb lieber nur kleinere Mengen an Bargeld mitnehmen und Geld und Papiere in einen Brustbeutel, Bauchgurt oder in eine versteckte Tasche packen. Das Portemonnaie in der Gesäßtasche ist kein sicherer Ort gegen Diebe.

Etwas Kleingeld sollte griffbereit sein, so können sie Bettlern etwas geben, ohne die Brieftasche zu öffnen. In der Öffentlichkeit ist es nicht ratsam, mit großen Geldscheinen zu wedeln und so Begehrlichkeiten zu wecken.

Reisegepäck: Wenig Gepäck macht Ihnen nicht nur im wörtlichen Sinn die Reise leichter, es entlastet auch, wenn Ihnen nichts wirklich Wichtiges gestohlen werden kann. Im Rucksack oder Koffer (innen, nicht außen!) gibt es ein Namenschild gut sichtbar mit Ihrer Post- und E-Mail-Adresse oder Telefonnummer, damit man Sie erreichen kann, wenn das Gepäck verloren gegangen ist.

Papiere und andere wertvolle Dinge können gut mit einem TravelSafe gesichert werden, der im Hostel bleibt, während Sie unterwegs sind, oder angekettet werden kann, wenn Sie den Rucksack einmal nicht mitnehmen können (wie beispielsweise beim Gang zur Toilette).« Gegen den schnellen Diebstahl hilft, das Gepäck nicht aus den Augen zu lassen. Im Café ist es sinnvoll, ein Stuhlbein oder den Fuß in eine Trägerschlaufe des Rucksacks zu stellen. Übrigens ist dies auch in der Heimat ein guter Tipp, wenn Sie ganz vertieft in einem Buch lesen und nicht auf die Einkaufstasche achtgeben. Ein dünnes Stahlkabel mit einem Zahlenschloss hilft ebenfalls, damit der Rucksack nicht mit einem schnellen Griff entwendet werden kann. Gut ist es auch, vertrauenswürdig aussehende Menschen zu bitten, auf das Gepäck zu achten.

Verhalten: Jede Kultur hat andere Gebräuche und verdient es, respektvoll behandelt zu werden, auch wenn uns manches seltsam erscheinen mag.

Seien Sie jedoch aufmerksam, wenn Einladungen zu offensiv ausgesprochen werden. Gerade Trickbetrüger rücken Menschen dicht auf den Leib. Im Nachtleben – wenn Sie allein unterwegs sind – kann Alkohol tückisch sein. Und in der Partyszene sind KO-Tropfen nicht selten. Holen Sie sich ruhig vor Ort Tipps. Fragen Sie im Hotel, welche Straßen oder Gebiete Sie besser meiden sollten und lassen Sie sich Empfehlungen für Restaurants geben.

Präsentieren Sie sich nicht als Neuling. Nutzen Sie die ruhige Zone am Flughafen nach der Ankunft, um sich zu orientieren, und nicht den Platz davor umringt von Taxifahrern.

Meiden Sie Gedränge, denn dort kann besonders leicht etwas aus dem Rucksack gestohlen werden. Suchen Sie sich eine ruhige Ecke oder schließen Sie sich als Frau einer Gruppe wartender Frauen an. Ein Lächeln und eine Frage sichern Ihnen bestimmt die Hilfsbereitschaft der anderen.

Wenn Ihnen irgendetwas an einer Situation nicht geheuer ist, dann hören Sie auf Ihr Gefühl, egal ob Ihnen eine Person unsympathisch ist oder eine Menschengruppe Unbehagen auslöst. Vertrauen Sie Ihrer inneren Stimme und gehen Sie raus aus dieser Situation.

Dokumente verloren: Bei aller Umsicht kann es dennoch passieren, dass der Reisepass gestohlen wird oder man wichtige Papiere verliert. Oberstes Gebot ist dann: Ruhe bewahren.

Wenn der Reisepass abhandengekommen ist, melden Sie den Verlust bei der Polizei und beantragen Sie bei der Botschaft oder im Konsulat einen Ersatz. Sie benötigen ein Dokument, das Ihre Identität bestätigt, das kann auch die Kopie des Führerscheins oder eines Ausweises sein. Deshalb bitte alle Ausweispapiere kopieren und in einer E-Mail oder Cloud speichern. Und die Adresse und Telefonnummer der Botschaft im Handy speichern. Für den Ersatzausweis brauchen Sie in der Regel zwei Passbilder und Geld, um vor Ort bezahlen zu können.

Beim Verlust der Kreditkarte lassen Sie sofort die Karte sperren. Dafür benötigen Sie die Kontonummer, die Bankleitzahl oder die Kreditkartennummer. Sie können entweder die Notfallnummer der Bank oder die zentrale Sperrnotrufnummer +49 116 116 anrufen. Die können Sie auch jetzt schon in Ihrem Handy speichern. Erst ab der Sperrung der Karte liegt die Haftung für den Zugriff auf Ihr Konto bei der Bank.

Heimweh

Genauso wie uns zu Hause manchmal schmerzhaft das Fernweh packen kann, so kann uns unterwegs auch Heimweh überfallen. Das ist ganz normal.

Vielleicht sind Sie schon länger unterwegs und Ihr Körper und Sie benötigen einfach mal eine Verschnaufpause von den vielen neuen Eindrücken und davon, sich fremd zu fühlen. Dann nehmen Sie sich diese Pause auch und bleiben ein oder zwei Wochen an einen Ort, an dem Sie sich gut aufgehoben fühlen.

Vielleicht fehlt Ihnen Ihre Familie und das Gefühl, mal wieder umsorgt zu werden. Mir hilft es dann, mit Freunden und Familie zu telefonieren oder über Skype die vertrauten Gesichter zu sehen. Oder Sie schreiben über Facebook Gleichgesinnte an und fragen, welche Empfehlungen sie geben können, und lassen sich emotional unterstützen. Sie werden staunen, wie viele Antworten Sie bekommen und dass es anderen auch so ergangen ist.

Suchen Sie sich Orte, an denen Sie Gleichgesinnte treffen. Gespräche und nette Menschen in Hostels helfen, auf andere Gedanken zu kommen.

Überlegen Sie, was Ihnen zu Hause hilft, wenn Sie sich nicht gut fühlen. Manchmal gibt ein kuscheliger Pullover eine kleine Geborgenheit oder eine bestimmte Musik inspiriert uns und muntert auf. Vielleicht nehmen Sie so einen kleinen Seelentröster einfach mit in Ihre Auszeit.

Apps für die Auszeit

Gehören Sie zu den Menschen, die gerne alles auf dem Smartphone oder Tablet haben? Dann können Apps für Sie spannend sein – Apps für die Reiseplanung, das Reisetagebuch, Flugbuchungen und vieles mehr. Hier finden Sie eine Auswahl der Apps und kurze Beschreibungen, die mir und anderen das Sabbatical und das Reisen vereinfachen.

Flüge, Hotels, Hostels …

Skyscanner: Skyscanner.de ist eine Suchmaschine und eine universelle Reise-App für Android, iPhone und iPad. Sie sucht, vergleicht und bucht günstige Flüge, Hotels und Mietwagen. Zudem meldet sie automatisch, wenn sich Preise verändern.

Idealo: Idealo.de ist ein Online-Preisvergleichsportal für Shopping, Flüge, Hotels und Ferienwohnungen. Langstreckenflüge und Gabelflüge sind übersichtlich und leicht zu finden.

Hostelworld und Hostelbookers: Für die Suche und Buchung von Hostels gibt es mittlerweile sehr viele Anbieter. Hier sind ein paar Beispiele: german.hostelworld.com; hostelbookers.com; hostelworld.com; Tripadvisor.

Airbnb.de: Private Unterkünfte lassen sich über diese Seite suchen und buchen.

Agoda.com: Agoda eignet sich für die Suche nach Hotels, Bed and Breakfast-Unterkünfte, Guesthouses.

Booking.com und hotel.de: Auf dieser Seite können Sie komfortabel Hotels und Ferienwohnungen suchen und buchen.

Unterwegs

Trail Wallet: Behalten Sie den Überblick über Ihre Reisekasse. Trail Wallet ist übersichtlich und leicht zu bedienen. Das Budget kann per Trip oder per Monat organisiert werden. Sie können ein Tageslimit setzen, als Erinnerung, nicht zu viel auszugeben, und zwischen Landeswährungen oder der lokalen Währung in 218 Ländern wählen. Trail Wallet ist eine App für iPhone.

Packtor-Packlisten: Packtor ist ein Packlistengenerator für iPhone und iPad. Erstellen Sie Packlisten, ganz schnell, exakt auf Sie und Ihre Reise zugeschnitten und interaktiv.

Wunderlist: Wunderlist.com ist eine To-do-Liste. Ob Sie einen Urlaub planen, die Einkaufsliste mit dem Partner teilen oder mehrere Projekte auf der Arbeit organisieren — Wunderlist hilft dabei, all die persönlichen und beruflichen Aufgaben zu erledigen und abzuhaken.

Pocket: Mit Pocket können Sie Webseiten, Blogs und andere interessante Artikel im Smartphone speichern, um sie später offline zu lesen. Nach dem Speichern in Pocket ist die Liste der Inhalte auf jedem Gerät – Telefon, Tablet oder Computer – sichtbar.

Oanda: Oanda.com ist unter anderem ein Währungsrechner und als App der ideale Reisebegleiter auf Reisen. So lassen sich Beträge schnell und bequem umrechnen.

Weather Pro: Die gratis Wetter-App WeatherPro Free mit Sieben-Tage-Wettervorhersagen, Regenradar und flexiblem Wetter-Widget. Regen, Sonne oder Schnee, alle Wetter-Informationen sind übersichtlich und deutlich in einer App. Für Deutschland, Europa und weltweit.

Offlinekarten von Google Maps: Mit Offlinekarten behalten Sie auch in Gegenden mit schlechter Netzabdeckung die Orientierung oder wenn das Datenvolumen verbraucht ist.

Kindle: Auf Reisen ist ein Kindle einfach praktisch. Statt drei schwere Reiseführer und noch ein paar Bücher mitzunehmen, sind der Kindle oder die Kindle-App auf dem Smartphone die komfortabelste Möglichkeit, Gewicht zu sparen. Und wer zwischendrin einfach ein Buch am Strand in der Hand haben will und gerne die Möglichkeit zum Büchertausch in Hostels nutzt, macht das einfach zusätzlich.

Reisetagebücher und Fotoalben

Tripmii.com: Tripmii ist ein Reisetagebuch und ein Onlinefotoalbum in einem. Sie können unterwegs gleich ein Reisetagebuch schreiben und daraus ein Fotobuch erstellen – für Reiseblogs oder auch ein Buch. Außerdem können Sie die Reiseroute auf der Landkarte markieren und im Sabbatical die einzelnen Stationen mit Erlebnissen und Fotos ergänzen.

TouchNote: Für den Gruß nach Hause ist TouchNote.com zu empfehlen. Es ist eine mobile App für Smartphones, Tablets und Websites zum Versenden von gedruckten, personalisierten Postkarten, Grußkarten und anderen Fotoprodukten.

Camping und Wwoofing

iOverlander: Die Campingdatenbank iOverlander.com listet Zeltplätze und Campgrounds weltweit in Englisch.

Camping.info: Dort finden Sie Campingplätze in Europa und ihre Beschreibungen.

Wwoofing: Unter wwoof.net können Sie ökologische Farmen auf der ganzen Welt finden, um dort zu arbeiten.

House Sitting: Trustedhousesitters.com und viele andere suchen vertrauenswürdige Menschen, die während des Urlaubs auf Haus, Hof und Tiere aufpassen.

Kommunikation

DuoLingo: Duolingo.com bietet eine tolle Methode, um Sprachen zu lernen. Es gibt die Wahl aus 27 Sprachen – einschließlich Klingonisch – und die App für iOS und Android ist kostenfrei.

Skype: Mit skype.com ist es einfach, in Kontakt zu bleiben. Sie chatten und telefonieren über WLAN – ein wichtiges Mittel gegen Heimweh, wenn man die Lieben zu Hause vermisst.

Backpacker: Backpacker.com ist die soziale App für unterwegs. Entdecken und treffen Sie andere Traveller unterwegs.

Word Lens: Damit können Sie Schilder und Ähnliches in fremden Sprachen übersetzen. So werden Sie nie wieder ratlos im Ausland vor fremden Schildern oder der Speisekarte stehen.

Restaurants und Cafés

TripAdvisor: Mit Tripadvisor.de können Sie sich überall Tipps für Restaurants und Cafés holen und herausfinden, ob es Ihr Lieblingsessen in der Nähe gibt.

Vegman: Die App Vegman listet vegetarische und vegane Restaurants aus der ganzen Welt auf. Wer kein Smartphone hat, kann auch auf der Website www.vegman.org nach einem passenden Restaurant suchen.

Sicherheit

Prey Anti Theft: Das ist die ultimative Anti-Diebstahl-App. Prey Anti Theft kann helfen, das Telefon zu finden, zu sperren, einen Alarm auszulösen und mehr. Es ist eine kostenlose und extrem nützliche App für iPhone und Android.

Auswärtiges Amt: Die Webseite des Auswärtigen Amtes hilft beim Klären aller wichtigen Fragen zum Reiseland wie Visum, Impfungen, Einreisebestimmungen oder aktueller Sicherheitslage.

Dropbox oder GoogleDrive: Wichtige Dokumente, die von überall aus abrufbar sein müssen, können Sie hier speichern.

Tipp: Wenn Sie für Ihre Bedürfnisse eine passende App suchen, geben Sie die entsprechenden Stichworte im Internet ein, vielleicht »Test Reisetagebuch Apps«, und lassen Sie sich überraschen, wie vielfältig das Angebot ist.

Laden Sie nicht alle Apps auf einmal herunter, die Ihnen sinnvoll erscheinen. Prüfen Sie die Apps, die in Frage kommen, in Ruhe vor der Auszeit und installieren Sie nur die , die zu Ihren Bedürfnissen passen.

Sieben Fehler bei der Sabbatical-Planung

Nur davon träumen: Wer immer nur von etwas träumt, wird es nie erreichen. Irgendwann müssen Sie eine Entscheidung treffen, aktiv werden und handeln. Ohne Ihr Handeln kann der Traum vom Sabbatical nicht Wirklichkeit werden. Also fangen Sie an. Machen Sie noch heute den ersten Schritt!

Die ganze Welt sehen und retten wollen: Egal ob Sie ein Jahr zur Verfügung haben oder weniger. In ein Sabbatical passen nie alle Wünsche und Ziele hinein. Gleichzeitig die Welt zu umrunden, ein Kinderhilfsprojekt zu gründen, Freunde in den USA zu besuchen und sich beruflich fortzubilden, ist einfach nicht unter einen Hut zu bringen. Oder vielleicht ist es das, nur fragen Sie sich: Macht das auch noch

Spaß? Für ein Sabbatical gilt in besonderem Maß der Satz: Weniger ist meistens mehr.

Zu viele Fixpunkte im Sabbatical: In der Euphorie der Planung kann es passieren, dass wir nicht nur unsere eigenen Wünsche umsetzen wollen, sondern auch noch die unserer Freunde und Familie. »Du hast doch so viel Zeit, komm mich doch für eine Woche in England besuchen.« »Das ist toll, lass uns doch für zwei Wochen gemeinsam reisen, ich besuche dich in Costa Rica.« Und was sich in der anfänglichen Planung als tolle Idee anfühlte, engt Sie vielleicht später ein. Ein Stück weit mit Freunden zu reisen, ist ein gutes Mittel gegen Ängste allein unterwegs zu sein. Zu viele »Verpflichtungen« können einem aber auch die Freiheit wegnehmen, den Reiseverlauf den eigenen Bedürfnissen anzupassen. Vielleicht haben Sie schon Flüge zum nächsten Treffen gebucht, haben aber jetzt eine tolle Gruppe Leute kennengelernt, mit denen Sie einen mehrtägigen Trail in einem Nationalpark machen könnten. Wie schön, wenn man dann alte Pläne einfach wegwerfen kann.

Reisezeiten nicht berücksichtigen: Sobald Sie mehrere Länder in Ihrer Auszeit bereisen und auch noch zwischen Nord- und Südhalbkugel unterwegs sind, tut es gut, die Reisezeiten und das Klima zu berücksichtigen. Liegt die geplante Fortbildung in der Regenzeit vor Ort und komme ich bei meiner Weiterreise in den Winter in Neuseeland? Planen Sie Ihre Aufenthalte mit Blick auf das Klima und ersparen Sie sich unliebsame Überraschungen.

Perfektionismus bei der Planung: Planen Sie nicht alles komplett durch. Lassen Sie sich Raum, auch mal länger an einem Ort bleiben zu können. Irgendwann kommt man auch in einer Auszeit an einen Punkt, wo alles zu viel wird und man die Lust am Reisen verliert – zu viele Menschen, immer wieder die Fragen nach dem Woher und Wohin, nicht schon wieder einen Tempel und bitte eine Verschnaufpause auch vom Unterwegssein. Pausen brauchen wir auch im Sabbatical, um alle Reize und Eindrücke eines anderen Landes, der Menschen, die wir kennenlernen, und auch des Unterwegsseins verarbeiten zu können. Gerade dann hilft es, mal länger an einem Ort zu bleiben und einen kleinen Alltag zu genießen. Lassen Sie sich Zeit. Reisen Sie nicht zu schnell von einem Ort und Event zum nächsten.

Erwartungen, Erwartungen, Erwartungen: So lange haben wir die Auszeit vorbereitet und freuen uns darauf, tolle Sonnenuntergänge am Meer zu sehen, neue Leute beim Sprachkurs kennenzulernen und die Auszeit einfach nur zu genießen. Und dann kommt die Realität mit den vielen fantastischen Bildern, die wir von spektakulären Sehenswürdigkeiten im Gedächtnis haben, einfach nicht mit. Beim Sonnenuntergang am Meer werden wir von Mücken gestochen, im Hostel wird im Mehrbettzimmer geschnarcht, und wir sind enttäuscht. Die erhofften Gefühle und die Begeisterung sind einfach nicht da.

Wenn wir die abenteuerlichen Blogs von Weltreisenden lesen, finden wir vermutlich nichts über Mücken, nervtötende Mitreisende im Nachtbus oder andere Widrigkeiten. Und doch hat es sie gegeben, sie wurden nur nicht erwähnt, und wir haben uns die Geschichte unbewusst noch schöner ausgemalt. Unsere Erwartungen spielen eine große Rolle dabei, wie wir eine Situation empfinden.

Nutzen Sie die Gelegenheit, sich und die Menschen um Sie herum wieder wahrzunehmen und zu fühlen. Es muss nicht immer spektakulär sein, der entscheidende Unterschied ist doch, dass Sie mittendrin sind, in Ihrem eigenen Leben. Manchmal ist nach einer staubigen Busfahrt die warme Dusche in einem einfachen Hotel das besondere Highlight und nicht der Bilderbuchsonnenuntergang.

Die Abreise zu spät vorbereiten: Schieben Sie Ihre Vorbereitungen für die Auszeit nicht auf die lange Bank. Auch wenn Ihre Planung steht, Checklisten geschrieben sind, unterschätzen wir oft, wie viel Zeit wir für die einzelnen Schritte benötigen. Impfungen beispielsweise mehrere Monate vor einer Abreise zu beginnen, entspannt nicht nur Ihren Zeitplan, auch Ihr Körper hat Zeit, es zu verarbeiten. Haken Sie die erledigten Positionen auf Ihrer To-do-Liste ab und genießen Sie die wachsende Vorfreude. Sie werden staunen, dass zum Schluss auch bei bester Vorplanung noch unzählige Erledigungen anstehen, bis es endlich losgeht.

Dieses Jahr gehört mir – ein Coachingbeispiel

Wie Stefan geht es einigen meiner Klienten. Er kam zu mir mit dem Ziel, sich ein Jahr Auszeit zu nehmen. Als Arzt in einer Klinik hatte er es leicht, sich ein finanzielles Polster für die Auszeit anzulegen. Seine Stresspunkte lagen ganz woanders.

In einem Krankenhaus sind 60 bis 80 Wochenarbeitsstunden die Normalität und fordern die betroffenen Menschen oft über die Grenzen der Belastbarkeit, besonders wenn es über Jahre geht. Kein Wunder, dass für den schönen Teil der Sabbatical-Planung und die Frage »Was will ich eigentlich machen?« kaum Zeit und Energie blieben.

Sein Hauptanliegen war, alle Einfälle und Gedanken für ein Jahr Auszeit zusammenzutragen und wenn möglich in eine stimmige Reihenfolge zu bringen und als zweites Thema konkrete Informationen zu Versicherungen und anderen Regelungen zu erhalten.

Über das Coaching gestaltete er sich bewusst einen freien Zeitraum außerhalb des Arbeitsalltags und konnte sich mit seinen Wünschen und Zielen für die Auszeit in Ruhe beschäftigen.

Ein Mindmap ist eine tolle Hilfe, um eine Auszeit zu planen. So schrieb er Karten mit seinen konkreten Zielen sowie seinen inneren Bedürfnissen und Wünschen, die er auf das Mindmap pinnte. Da gab es eine Motorradtour mit Freunden in Kalifornien zu einem fixen Termin. Es gab den Wunsch, als Arzt in einem Sozialprojekt mitzuwirken, und das Bedürfnis, aus dem beruflichen Hamsterrad bewusst auszubrechen und innere Ruhe zu finden. Er wollte nur mit einem Rucksack durch Südamerika reisen und sich auch auf seinem Spezialgebiet weiterbilden. Und er wollte endlich schwimmen lernen.

Ein Jahr ist von außen betrachtet eine richtig lange Zeit. Und doch kann es passieren, dass man sich zu viele Zielvorgaben macht und am Ende gehetzt ist. Wenn wir so unterschiedliche Wünsche haben, die sich vielleicht sogar gegenseitig behindern können, ist es hilfreich, genau auf die eigenen Bedürfnisse zu schauen. Stefan schrieb neben jedes Ziel, welches Bedürfnis dahintersteht. Da gab es den Abenteurer in ihm, der mit dem Rucksack in Argentinien unterwegs ist. Es gab den Arzt, der Kindern mit einer schweren Erkrankung helfen wollte, und den ausgepowerten Mann, der eine Zeit lang nur seine Akkus aufladen und nur für sich verantwortlich sein wollte. Und es gab den großen Wunsch, nach der Auszeit wieder richtig Energie zu haben und neu überlegen zu können, wie es beruflich weitergehen könnte. Anfang 50 ist ein Alter, in dem viele Menschen Bilanz ziehen über das bisher Erreichte und wie es in ihrem Leben weitergehen soll.

Als Hauptbedürfnisse stachen »Akkus aufladen« und »Abenteuerlust« hervor. Er sortierte seine Pläne in einen Jahreskreislauf und hinterfragte, ob und welches Bedürfnis er sich damit erfüllt. Es gab ein paar Ziele, die ihren Ursprung im gleichen Bedürfnis hatten. Jetzt war es leichter, sich von einzelnen Ideen zu verabschieden, ohne Angst zu haben, etwas Wichtiges im Leben zu verpassen. Er plante stattdessen die Zeiträume großzügiger, um sich Muße und Spontanität zu erhalten, für die vorher kein Raum gewesen wäre. Und er gab sich die ersten drei Wochen der Auszeit die Chance, seine Arbeit mental und körperlich hinter sich zu lassen, bevor er sich auf Reisen begab. Um in dieser Zeit nicht in ein inneres Loch zu fallen, überlegte er sich, mit einem Projekt bereits zu Hause zu starten: Er wollte schwimmen lernen. Deshalb nahm er sich als ersten Schritt nach dem Coaching vor, einen Schwimmlehrer zu suchen und Unterricht zu nehmen.

Menschen mit einem hohen Arbeitspensum und einem großen Verantwortungsgefühl fällt es nicht leicht, diesen Leistungsanspruch loszulassen. Das ist vielleicht eine der größten Herausforderungen für ihre Auszeit.

Im letzten Teil des Coachings klärten wir – auf seine Situation bezogen –, welche sinnvollen Optionen es für die Krankenversicherung im Ausland gab und zur Rentenversicherung. Ich konnte ihm Hinweise geben, was bei einer Untervermietung seiner Wohnung zu beachten ist. Es ging außerdem um Fragen der Sicherheit, um die Finanzen auf Reisen und darum, wie besonders Alleinreisende wichtige Papiere vor Verlust schützen und für eine Vertrauensperson zu Hause hinterlegen können.

Sein Fazit: Er fühlte sich nicht mehr getrieben, alle Ideen in einem Jahr umzusetzen, und es gab ihm ein gutes Gefühl, bereits vor der Auszeit Schwimmen zu lernen und die Zeit am und im Wasser sofort genießen zu können.

Nach seiner Rückkehr schilderte er, wie gut ihm die Auszeit getan habe, körperlich und mental. Er war froh, dieses Jahr nicht voller Projekte gestopft zu haben, und konnte tatsächlich abschalten und entschleunigen.

8. Was kostet ein Sabbatical?

➢ Die Kosten der Auszeit kalkulieren

➢ Laufende Kosten zu Hause feststellen

➢ So finanzieren Sie Ihre Auszeit

Wie viel kostet denn nun Ihr Sabbatical? Mit der Antwort »Das kommt darauf an« sind Sie bestimmt nicht zufrieden. Also hilft nur eines, die Kosten, so gut es geht, zu kalkulieren. Und dabei kann ich Ihnen helfen. In diesem Kapitel finden Sie Checklisten, einen Budgetplaner und Tipps für hilfreiche Apps.

An die finanzielle Planung einer Auszeit kann man auf zwei unterschiedliche Weisen herangehen. Entweder haben Sie bereits Pläne, was Sie in Ihrer Auszeit erleben wollen und nun stellt sich die Frage: Was kostet Sie das alles? Oder aber Sie überlegen: Kann ich mir denn ein Sabbatical leisten? Wie teuer kann das sein? Und dann die dritte wichtige Frage: Woher nehmen Sie das Geld für die Auszeit?

Eine Kostenkalkulation sollte realistisch sein. Realistisch bedeutet: Sie erhalten nicht nur Klarheit darüber, was Ihre Auszeit kosten wird, sondern auch darüber, welche Kosten zu Hause weiter zu zahlen sind. Erst wenn Sie beiden Summen addieren, haben Sie einen Überblick über die wirklichen Kosten, die auf Sie zukommen.

Vielleicht gehören Sie zu den wenigen, die eine schöne Summe bereits angespart haben. Dazu kann ich Ihnen nur gratulieren. 90 Prozent der Menschen haben nicht dieses finanzielle Polster. Doch auch für die gibt es Trost. Es ist keine Zauberei und Sie müssen auch keine Bank überfallen. Ich zeige Ihnen, dass ein Sabbatical bezahlbar ist und Sie sich Ihren Traum erfüllen können. Es gibt gute Wege, das Geld für Ihre Auszeit anzusparen, und deshalb geht es jetzt um die folgenden drei Bereiche:

• Die Kosten der Auszeit kalkulieren

- Laufende Kosten zu Hause feststellen
- So finanzieren Sie Ihre Auszeit

Die Kosten der Auszeit kalkulieren

Drei Monate Auszeit sind natürlich preiswerter als eine Weltreise für ein Jahr. Also sind die Dauer der Auszeit, der persönliche Reisestil, teure oder preiswerte Reiseländer, Kosten für eine berufliche Weiterbildung oder ein Studium und vieles mehr entscheidend für die Höhe der Ausgaben.

Wenn Sie schon genauere Vorstellungen haben, was Sie im Sabbatical machen wollen, ist es leichter, Ihre Kosten zu kalkulieren. Für diejenigen, die noch keine klaren Pläne haben und erst wissen wollen, ob sie es sich leisten können, habe ich einen Vorschlag. Tun Sie so als ob. Finden Sie das unsinnig? Lassen Sie sich einfach darauf ein, und erfinden Sie eine Reise oder etwas, das Sie schon immer mal machen wollten. Vielleicht wollen Sie ein Buch schreiben und beim Schreiben den Blick auf den Atlantik haben. Nehmen Sie Ihre Bilder des Sabbaticals als Basis für die Kostenkalkulation. Wer weiß, vielleicht können Sie Teile davon später gebrauchen.

Für die Einschätzung ist es wichtig, den Überblick zu behalten. Und der fällt leichter, wenn die Kosten in zwei logische Kategorien eingeteilt werden:

Kategorie 1: Kosten in der Vorbereitungszeit,

Kategorie 2: Kosten während des Sabbaticals – Fixkosten und variable Kosten.

Die Kostenarten sind Anhaltspunkte, sie helfen Ihnen, nichts Wesentliches zu übersehen. Sie können die folgende Tabelle zur Budgetplanung nutzen, um eine kleine Auszeit von drei Monaten an der Ostsee vorzubereiten oder in Ihrem Zuhause zu bleiben oder eine Weltreise zu planen. Kopieren Sie sich die Tabelle oder erstellen Sie sich eine kleine Excel-Tabelle und tragen Sie die Summen ein. Eine Excel-Tabelle hat den Vorteil, dass Sie leichter mit Änderungen spielen können.

Tabelle 1: Kosten während der Vorbereitung

Vorbereitung	Fixkosten
Papiere: Reisepass, Visa, Internationaler Führerschein, Bescheinigungen	
Versicherungen: Auslandskrankenversicherung, eventuell private Krankenversicherung und Rentenversicherung	
Reiseführer, Sprachführer	
Impfungen	
Reiseapotheke	
Ausrüstung wie Rucksack, Funktionskleidung, TravelSafe …	
Technik: Kamera, Tablet oder Laptop, Handy, Zubehör, Kindle …	
Wohnung gekündigt? Kosten für Renovieren oder Möbel einlagern	
Postnachsendeantrag/Dropscan	
Summe Vorbereitung:	

Wollen Sie mehrere Länder bereisen, kann es sinnvoll sein, die Kosten je Land getrennt aufzuschreiben, da sich die Preise für Transport, Unterkunft und Essen gravierend unterscheiden können. Nutzen Sie hierfür Tabelle 2.

Tabelle 2: Kosten im Sabbatical und auf Reisen

Reiseland: Aufenthaltsdauer:

Kosten im Sabbatical:	Feste Kosten	Variable Kosten	Summen
Flugkosten			
Fortbewegung im Land (Inlandsflüge, Bus, Bahn, öffentlicher Nahverkehr)			
Aktivitäten (Sprachkurs, Fortbildung, Tauchkurs, Segeln, Reiten oder Yogakurs und mehr)			
Eintritt, Veranstaltungen (Nationalparks, Festivals, Sightseeing und andere Highlights wie Whale-Watching und mehr)			
Kommunikation: Telefon, Internet			
Unterkunft pro Woche/ Monat Hostel, Hotel oder Airbnb?			
Essen			
Hygieneartikel			
Sonstiges: Souvenirs, Vergnügen wie Cafés, Kino oder kleine Gastgeschenke, wenn Sie eingeladen sind			
Was noch? Friseur und alles, was unvorhersehbar ist. Ein warmer Pulli oder eine neue SD-Karte für die Kamera			
Mindestbudget Teil 1			
Mindestbudget Teil 2			
Summe			
plus 30 Prozent Reserve			
Reisebudget			

Wenn Sie mit einem Auto, einem Motorrad oder einem Fahrrad unterwegs sind, ermitteln Sie noch deren Kosten und tragen Sie sie in Tabelle 3 ein. Die addieren Sie noch dazu und erhalten dann Ihr Reisebudget.

Tabelle 3: Unterwegs mit dem eigenen Fahrzeug

Kosten für Auto, Motorrad oder Fahrrad	Fixkosten	Variable Kosten	Summen
Anschaffung			
Verbrauchskosten			
Reserve für Reparaturen			
Ausrüstung und Ausstattung			

Quelle: Deutsche Zentrale f. Globetrotter e.V. und Norbert Lüdtke: Selbstreise-Handbuch, Peter Meyer Verlag, 2011

Fangen Sie mit den großen Positionen an. Flugkosten lassen sich über Onlineportale gut recherchieren. Achten Sie auf saisonale Preisschwankungen und setzen Sie Ihre Kalkulation für die Flüge lieber höher an. Und freuen Sie sich, wenn der Flug dann bei der Buchung billiger ist.

Beispiel:

Hin- und Rückflug Berlin – San José Costa Rica;

preiswertestes Angebot   639 Euro

Spanischkurs für drei Wochen   750 Euro.

Tragen Sie die kalkulierten Flugkosten als feste Kosten ein. Ergänzen Sie alle Ausgaben, die ebenfalls auf Ihre Auszeit zutreffen. Es hilft, die Ausgaben gleich konkret zu bezeichnen. Also: Flug Berlin – Costa Rica. Wenn Sie alle Kosten addiert haben, schlagen Sie nochmal 20 bis 30 Prozent als Reserve auf. Mit einem Betrag in dieser Größenordnung müssen Sie rechnen.

Wie wollen Sie sich im jeweiligen Land bewegen? Gibt es ein gutes Netz für Busse oder Bahn? Was kosten Übernachtungen im Hotel oder

Hostel, mit welchen Preisen müssen Sie rechnen? Reiseführer helfen auch dort mit Einschätzungen zu den Kosten. Bei Übernachtungen wird meist zwischen einfachen und teureren Kategorien unterschieden. Schauen Sie in Buchungsportale für Hostels und nehmen Sie diese Übernachtungspreise als Basis für Ihre Kalkulation. Auf www.weltreise-info.de gibt es einen sehr guten Service. Sie geben das Land ein, in das Sie reisen wollen, und welche Kategorie Sie für Unterkunft und Restaurants bevorzugen. Und Sie erhalten Preisangaben, die dort durchschnittlich bezahlt werden.

In Costa Rica beispielsweise beträgt das Tagesbudget bei vorwiegend einfachen Hostels oder einfachen Restaurants als Alleinreisender zwischen 37 und 40 Euro. In Kanada zum Vergleich werden dafür rund 50 bis 60 Euro angegeben. Alternativ können Sie auch den Big-Mac-Index zu Hilfe nehmen, er gibt einen vereinfachten Überblick über das Kostenniveau einzelner Länder.

Das erleichtert eine Berechnung, was Sie ungefähr für Unterkunft und Verpflegung pro Tag ansetzen können. Solche Angaben sind natürlich nur Anhaltspunkte. Manchmal findet sich kein preiswertes Hostel oder es ist ausgebucht. Eine Reserve für Unvorhergesehenes ist einfach wichtig.

Was ist Ihnen im Alltag wichtig? Gehen Sie gerne ins Kino oder zu Musikevents, interessieren Sie sich für Museen und Kunst? Vermutlich ist das auch in Ihrer Auszeit wichtig, und es ist gut, dafür Geld einzuplanen.

Wenn Sie Ihre Kosten zusammengerechnet haben, kommt vermutlich ein stolzer Betrag zusammen. Erschrecken Sie nicht! Wege, wie Sie das Geld für Ihre Auszeit ansparen können, gibt es im dritten Abschnitt dieses Kapitels.

Aus der Summe errechnen Sie sich nun einen Tagesbetrag, der Ihnen zur Verfügung steht. Viele Reisende haben berichtet, dass sie das Tagesbudget meist zu gleichen Teilen für Unterkunft, Verpflegung, Transport, Sightseeing und Sonstiges ausgegeben haben. Machen Sie in Ihrer Auszeit eigene Erfahrungen.

Tipp: Geben Sie nicht mehr als ein Viertel des Tagesbudgets für Ihre Unterkunft aus.

Es ist hilfreich, alle großen einmaligen Zahlungen nicht in das Tagesbudget einzubeziehen. Dazu gehören Flugkosten, teure Kurse oder Fortbildungen. Setzen Sie sie als einmalige Kosten extra an. Das macht es leichter, unterwegs mit dem Budget auszukommen und setzt Sie nicht unnötig unter Druck.

Tipp: Setzen Sie Aktivitäten wie Kurse oder eine berufliche Fortbildung als einmalige Kosten an.

Und noch etwas: Für alle, die kein Abenteuergen in sich haben und es nicht aufregend finden, nachts um 3 Uhr in einem fremden Land anzukommen, übermüdet und ohne Unterkunft, empfehle ich eine kleine Vorsorge. Mir hat es geholfen, für die ersten zwei bis drei Nächte in einem neuen Land ein gutes Hotel zu buchen. Und das schon von Deutschland aus. Gönnen Sie sich den Luxus, sich etwas einleben zu können, den Jetlag zu überwinden und lassen Sie das Abenteuer langsam beginnen. Überlegen Sie ruhig, ob Sie sich zum Beispiel für fünf Monate in einem Land ein Auto kaufen und es anschließend wieder verkaufen wollen. Recherchieren Sie, welche anderen Reisevarianten es dort gibt und was sie kosten. Wie teuer ist ein Mietwagen, gibt es gute Bahnstrecken, was nutzen die Menschen, die dort leben? Oder wollen Sie mit dem Motorrad reisen, was kostet dann eine Überfahrt nach Südamerika und lohnt sich der Kostenaufwand?

Es gibt viele Fragen, die die Planung einer Auszeit besonders spannend machen – auch wenn es manchmal Momente gibt, in denen uns die To-do-Liste über den Kopf wächst. Aber das legt sich auch wieder. Genießen Sie den Reiz, der in der ganzen Planungsphase liegt. Nicht jeder Mensch hat den Mut für so ein Abenteuer. Fangen Sie möglichst früh mit der Planung und den Recherchen an. Dann können Sie die Vorbereitung auch entspannter genießen.

Die laufenden Kosten zu Hause feststellen

Während Sie sich eine Auszeit vom Job nehmen und für eine Zeitlang alles andere ausblenden, gibt es vermutlich doch Verpflichtungen und Kosten, die in dieser Zeit weiter bestehen. Welche laufenden Kosten müssen Sie auch in der Auszeit bezahlen?

Nehmen Sie sich für diesen Check zwanzig Minuten Zeit, mehr brauchen Sie nicht. Der Check ist aus drei Gründen gut. Sie stellen erstens den genauen Betrag fest, den Sie zusätzlich zu den Sabbatical-Kosten benötigen. Zweitens bekommen Sie ohne zusätzlichen Aufwand heraus, welche Summe Sie monatlich auf Ihr Sabbatical-Konto überweisen können. Und drittens sehen Sie anhand der Ausgaben, wo sich noch individuelle Sparpotenziale verbergen können. Dazu kommen wir im dritten Abschnitt dieses Kapitels.

Eine gute Hilfe sind Kontoauszüge oder eine Haushalts-App, mit der Sie die Ausgaben festhalten und so einen genauen Überblick erhalten, wie viel und besonders wofür Sie Ihr Geld ausgeben. Das Wofür ist spannend, denn es hilft Ihnen, Ihre »Geld-Killer« zu identifizieren.

Listen Sie Ihre Ausgaben und Verpflichtungen auf. Trennen Sie dabei die Ausgaben, die jährlich anfallen, und die monatlichen Ausgaben. Bei den Ausgaben pro Monat listen Sie die festen Beträge auf wie Miete, Krankenversicherung, Strom, Heizung, Telefon, Internet und alles an monatlichen Versicherungsbeiträgen. In einem ersten Schritt müssen Sie nur grob wissen, was Sie im Monat für Lebenshaltung und Sonstiges ausgeben.

Die fixen monatlichen Kosten addieren Sie zu Ihren Sabbatical-Ausgaben dazu.

Beispiel

Ein Ergebnis für sechs Monate Auszeit könnte so aussehen:

Sabbatical-Kosten für sechs Monate	9000 Euro
+ Fixkosten zu Hause: 6 x 1000 Euro	6000 Euro
= Summe	15000 Euro

Wenn Sie Ihre Auszeit mit einem Teilzeitmodell gestalten, haben Sie einen riesigen Vorteil: Ihr Teilzeitgehalt läuft weiter und die Fixkosten zu Hause werden wie bisher gezahlt. Das entlastet nicht nur die Sabbatical-Kasse, Sie müssen auch erheblich weniger ansparen. Die Haushaltsliste soll ein Hilfsmittel sein (siehe Tabelle 4). Sie gibt einen Überblick, welche Ausgaben üblicherweise in einem Haushalt anfallen. Sie werden bestimmt Positionen finden, die bei Ihnen nicht anfallen und dafür an anderer Stelle etwas vermissen.

Tabelle 4: Haushaltsliste

Einnahmen	in Euro	Ausgaben	in Euro
Einkommen: Nettolohn, -gehalt Urlaubs-, Weihnachtsgeld Provision Sonstiges		**Wohnen** Miete oder Immobilienkredit Strom, Heizung, Wasser Nebenkosten Nachzahlungen Grundbesitzabgaben Haushaltshilfe	
Sonstiges Erstattungen: Steuer, Strom … Private Rente Unterhalt Zinsen, Dividenden Mieteinnahmen		**Versicherungen & Finanzen** Haftpflicht Hausrat Krankenversicherung, privat Lebensversicherungen private Altersvorsorge Unterhalt für andere Sparverträge Kreditraten Leasingraten Kreditkartengebühren Kfz-Steuer Kfz-Versicherung	
		Kommunikation Telefon-, Handyverträge Computer, Tablet und Co Internet Rundfunk-, TV-Gebühr	
		Transport ÖPNV/Fahrkartenabos Tanken Reparaturen/Inspektion	

Einnahmen	in Euro	Ausgaben	in Euro
		Freizeit	
		Vereine	
		Eintritte	
		Hobby	
		Zeitungen/Zeitschriften	
		Bücher, Musik	
		Gastronomie	
		Restaurant, Kneipe	
		Kantine, Imbiss	
		Lebensmittel/Haushalt	
		Lebensmittel	
		Einrichtung	
		Sonstiges	
		Feiern, Geschenke	
		Zigaretten und anderes	
		Bildung	
Gesamteinnahmen:		**Gesamtausgaben:**	

Hoffentlich stellen Sie bei Ihrem Check fest, dass nach Abzug der Ausgaben noch eine Summe übrigbleibt. Das ist Ihr Sparvolumen. Bitte nutzen Sie gleich die Gelegenheit und überweisen es auf ein extra Konto. Das ist aus meiner Sicht der wirkungsvollste Schritt zur Finanzierung Ihres Sabbaticals – und darum geht es jetzt.

So finanzieren Sie Ihre Auszeit

Wie bekommen Sie denn nun das Budget für Ihr Sabbatical zusammen? Das ist für die meisten die spannendste Frage. Sie werden mir vermutlich zustimmen, wenn ich sage, dass eine längere Auszeit mit mehr Geld einfach mehr Spaß macht. Ich möchte, dass Sie finanziell gepolstert und mit einem guten Gefühl in Ihr Sabbatical starten. Deshalb gebe ich Ihnen vorweg gleich den vermutlich wichtigsten Tipp: Richten Sie ein Sabbatical-Konto ein.

Ein Sabbatical-Konto

Legen Sie sich ein extra Konto für Ihr Sabbatical an. Auf dem normalen Girokonto ist es fast unmöglich, dauerhaft eine größere Summe Geld anzusparen. Ein Sabbatical-Konto hilft Ihnen in dreifacher Hinsicht:

1. Ein extra Konto ist ideal zum Sparen. Das Geld ist nicht mehr im direkten Blick und die Verführung, das Angesparte mal schnell für andere Dinge auszugeben, ist nicht so groß.
2. Für ein Tagesgeldkonto gibt es Zinsen, auch wenn sie derzeit nur sehr klein sind. Doch das kann sich auch wieder ändern.
3. Die Motivation zum Sparen wächst, wenn Sie sehen, wie sich Ihr Guthaben auf dem Sabbatical-Konto vermehrt. Und glauben Sie mir, der Blick auf das Tagesgeldkonto und der anwachsende Betrag darauf stärkt Ihr Vertrauen in und die Vorfreude auf Ihre Auszeit.

Als Sabbatical-Konto sind Tagesgeldkonten gut geeignet, entweder bei Ihrer Hausbank oder einer Direktbank. Es gibt jährliche Testurteile über Banken und ihre Konditionen, an denen Sie sich orientieren können.

Direktbanken finde ich aus zwei Gründen geeignet. Erstens haben sie oft günstigere Bedingungen als andere. In Testurteilen schneiden regelmäßig die Deutsche Kreditbank (DKB), die Comdirect Bank und die Ing Bank (ehemals Ing DiBa) als besonders gut ab. Der zweite Vorteil ist, dass Sie ein Tagesgeldkonto während der Auszeit auch als Reisekonto nutzen können, wenn die Direktbank Filialen in Ihren Reiseländern hat. Fragen Sie dort nach.

Die Ein-Drittel-Methode

In der folgenden Abbildung möchte ich die Finanzierung der Auszeit greifbar und real für Sie machen. Sie zeigt, wie einfach es ist, mit der Ein-Drittel-Methode innerhalb von zweieinhalb Jahren fast 12 000 Euro für eine Auszeit zu erwirtschaften.

In dem Beispiel wird über ein Teilzeitmodell von drei Jahren eine sechsmonatige Auszeit finanziert. Mit einem Dauerauftrag über 100 Euro monatlich werden 3 000 Euro angespart.

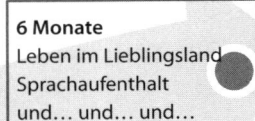

6 Monate
Leben im Lieblingsland
Sprachaufenthalt
und… und… und…

Sabbatical-Konto
Vor dem Sabbatical
30 Monate à 100 € Sparen	=	3 000 €
30 Monate á 65 € Reduzieren	=	1 950 €

Während des Sabbatical

Ein-Drittel-Methode

6 Monate Wohnung vermietet á 500 €	=	3 000 €
6 Monate 165 € (Sparen + Reduzieren)	=	990 €
6 Monate Haushaltsgeld á 500 € (Gehalt)	=	3 000 €
	Summe	11 940 €

Beispiel zur Finanzierung eines Sabbaticals

Über Einsparungen bei Versicherungen und verringerte Ausgaben gibt es monatliche Einsparungen, im Beispiel sind es rund 65 Euro im Monat, insgesamt 1 950 Euro.

Durch Untervermietung der Wohnung werden Einnahmen erzielt in Höhe von 3 000 Euro für sechs Monate.

In dieser Auszeit läuft das Gehalt weiter. Daraus werden Verbindlichkeiten wie Miete, Versicherungen und anderes bezahlt. Gleichzeitig stehen auch in den sechs Monaten Sabbatical die bisherigen Einsparungen von 990 Euro zur Verfügung und das gewohnte Haushaltsgeld mit 3 000 Euro. Es kommt die stolze Summe von 11 940 Euro zusammen.

Was meinen Sie: Ist das auch für Sie möglich?

Damit kommen wir zu den Stellschrauben für Ihr persönliches Budget. Können Sie statt 100 Euro 250 Euro sparen, werden aus 3 000 Euro gleich 7 500 Euro. So haben Sie die Wahl, entweder etwas mehr Geld für Ihre Auszeit zu sparen oder vielleicht schon früher in ein Sabbatical zu starten, wenn Sie Ihr Budget zusammen haben.

Die Ein-Drittel-Methode ist kein Hexenwerk. Sie ist ein Mix aus Sparen, Kosten reduzieren und Einnahmen schaffen.

Sparen
Wie schafft man es, einen ganzen Elefanten zu essen? Die Antwort ist: Stück für Stück. Genauso einfach, fast schon banal, ist auch die Antwort auf die Frage: Wie schafft man es, so viel Geld für eine Auszeit zu sparen? Es sind viele kleine einzelne Schritte, die sich addieren und im Ergebnis die Summe für ein Sabbatical ergeben.

Vermutlich haben Sie weder eine Erbschaft gemacht noch im Lotto gewonnen. Bevor ich mein großes Sabbatical begonnen habe, war mein Konto regelmäßig im Minus und die folgenden Spartipps haben mir geholfen, aus dem Minus herauszukommen und mein Sabbatical-Budget anzusparen.

Nicht mehr verdienen, sondern weniger ausgeben ist die Lösung. Auf das Gehalt hat man nur wenig Einfluss, aber wofür wir Geld ausgeben und wie viel, können wir in den meisten Fällen selbst bestimmen. Doch wie kann man sparen, ohne dabei auch Lebensqualität aufzugeben? Dazu kommen wir jetzt.

Tipp 1: Dauerauftrag
Legen Sie einen Dauerauftrag für Ihr Sabbatical-Konto an. Es ist erfolgreicher, einen festen Betrag zu Beginn des Monats zu überweisen als am Ende des Monats den Betrag, den Sie noch übrighaben. Anscheinend weiß unser innerer Schweinehund sehr genau, was noch auf dem Konto ist, und gibt es fleißig aus. Wenn der Betrag zusammen mit anderen Verpflichtungen gleich abgebucht wird, stellen wir uns automatisch darauf ein und schauen, wie wir mit dem vorhandenen Geld zurechtkommen. So überlisten wir uns und können leichter sparen.

Fangen Sie jetzt gleich an zu sparen. Sobald Sie sich für ein Sabbatical entschieden haben. Dabei ist es egal, ob Sie schon wissen, was Sie machen wollen oder ob es noch ein Traum ist. Wenn Ihr Sabbatical noch in der Zukunft liegt, ist es umso leichter, eine tolle Summe zusammenzubekommen.

Der kleine Haushaltscheck hat Ihnen vermutlich gezeigt, welches Sparpotenzial Sie im Monat haben. Legen Sie in dieser Höhe einen

Dauerauftrag an. Ein gutes Maß für die Höhe sind 20 bis 25 Prozent Ihres Nettoeinkommens.

Manche werden jetzt seufzen, dass das viel sei. Für ein großes Ziel ist es aber meist unumgänglich, Prioritäten zu setzen. Vielleicht nutzen Sie diese Gelegenheit und schauen sich Ihre Ausgaben genauer an. Wir sind fast alle durch Gewohnheiten und Konditionierungen geprägt. Die Medien mit der teils aggressiven Werbung, die Umwelt und auch die Erziehung beeinflussen unser Konsumverhalten. Manchmal geht es darum, sich zu belohnen oder sich ein gutes Gefühl zu verschaffen. Ein anderes Mal hat eine Anschaffung mit Image und unserem Selbstbild zu tun.

Kosten reduzieren

Ein Sabbatical ist ein guter Moment, die Ausgaben und besonders die regelmäßigen Kosten auf den Prüfstand zu stellen. Versicherungen machen bei den meisten Menschen einen großen Teil der Festkosten aus. Wir haben Versicherungen, die gesetzlich vorgeschrieben sind. Dazu gehört die Krankenversicherung, für Autobesitzer die Kfz-Versicherung und für viele auch die gesetzliche Rentenversicherung.

> **Tipp 2: Versicherungen und Verträge checken**
> Ein Sabbatical hat meist einen Vorlauf von zwei bis drei Jahren und deshalb lohnt es sich, die Versicherungsverträge genauer anzusehen. Vergleichsportale wie Check24 oder Verivox geben gute Vergleichswerte, was andere Versicherer für diese Leistung nehmen. Nutzen Sie solche Vergleichspreise und sprechen Sie Ihre Versicherung auf eine Reduzierung der Beiträge an.

Versicherungen können zum Ende eines Versicherungszeitraumes gekündigt werden. Achten Sie auf Fristen zur Kündigung, meist sind es drei Monate Vorlauf. Wenn Sie die Kfz-Versicherung kündigen wollen, haben Sie eine Kündigungsfrist von einem Monat zum Ende des Versicherungsjahres. Meist ist es der 31. Dezember. Hier lohnt sich die Nachfrage bei der Versicherungsgesellschaft nach neuen Tarifen. Versicherungen stehen in einem großen Konkurrenzkampf, und das kann Ihnen für einen günstigeren Tarif zugutekommen. Vielleicht ergibt das schon die ersten 50 Euro Ersparnis für Ihr Sabbatical-Konto.

Neben Versicherungen für Rechtsschutz, Hausrat, Haftpflicht, Reiserücktritt und Berufsunfähigkeit gibt es Lebensversicherungen, private Rentenversicherungen und so weiter.

Eine Haftpflicht halte ich persönlich für wichtig. Unachtsamkeit kann schnell zu Schäden führen, sowohl an anderen Menschen als auch an fremdem Eigentum. Und leider können Schadensersatzforderungen eine Höhe erreichen, die uns finanziell in den Ruin treiben können. Da steht ein vergleichsweise geringer Jahresbetrag in keinem Verhältnis zum Risiko. Wägen Sie deshalb ab, ob und welche Versicherung Sie beibehalten wollen.

Bei Lebensversicherungen, die schon länger laufen, ist es oft sinnvoller, die Beiträge eine Weile ruhen zu lassen, anstatt die Versicherung zu kündigen. Vielleicht suchen Sie sich einen trüben Novembertag aus, sehen die Verträge durch und entscheiden in Ruhe, was Sie damit machen wollen. Über eventuelle Verluste bei vorzeitiger Kündigung muss Sie die Versicherung aufklären. Im Zweifel sollten Sie also dort nachfragen.

Tipp 3: Abos

Haben Sie Zeitungen abonniert? Vielleicht eine Tageszeitung, dazu den Stern, natürlich ein Reisemagazin und für das Hobby noch etwas über Gartenarbeit oder Yoga. Welche Hobbys haben sich schon überlebt? Lesen Sie noch jede Zeitung mit Interesse? Vielleicht ist es an der Zeit, das eine oder andere Abo zu kündigen und sich bewusst nur die Ausgaben zu kaufen, die Sie wirklich interessieren. Sie sparen definitiv Geld, wenn Sie statt eines Jahresabonnements vielleicht nur die sechs für Sie interessanten Ausgaben kaufen. Und schon reduzieren Sie Ihre Ausgaben.

Tipp 4: Vereine, Organisationen

Das Gleiche gilt für den Vertrag mit dem Fitnessstudio, den Yogakurs und den Sportverein. Am Anfang war die Euphorie vielleicht sehr groß, aber wenn man Sie seit einem Jahr dort nicht mehr gesehen hat, sind die Beiträge verschwendetes Geld, das Sie sinnvoll für Ihr Sabbatical nutzen können.

Tipp 5: Telefon, Handy, Internet

Werbung ist sehr verführerisch. Sie gaukelt uns vor, wir bräuchten den neuesten Mobilfunkvertrag, der ja so günstig ist, weil es ein neues Smartphone dazugibt. Und nur mit der neuesten Technik können wir gegen eine kleine Zusatzgebühr die Musikflatrate nutzen. Es ist sehr menschlich, für solche Werbung empfänglich zu sein. Dabei vergisst man leicht die Frage, ob man die Musikflat wirklich will und auch regelmäßig nutzt.

Addieren Sie bitte mal Ihre Kosten für die gesamte Telefonie. 100 Euro sind da schnell erreicht. Doch was brauchen Sie wirklich? Ich möchte auf mein Handy nicht verzichten. Aber brauche ich zusätzlich noch einen Festnetzanschluss? Und gibt es preiswertere Anbieter für meine Bedürfnisse? Hier kann ein großes Sparpotenzial stecken.

Tipp 6: Shoppen und Anschaffungen

Überlegen Sie bei allen Anschaffungen, ob Sie sie wirklich brauchen. Eine gute Faustregel ist: Nur noch das neu kaufen, was für Ihr Sabbatical wichtig ist. Dieser Maßstab gilt für Funktionskleidung genauso wie für Möbel, Bücher und Elektronik. Werden Sie aufmerksam für Ihre Bedürfnisse und den Unterschied zum reinen Konsumkauf. Jeder Euro, den Sie nicht ausgeben, ist ein Plus auf Ihrem Sabbatical-Konto.

Tipp 7: Geldfresser und schwarze Löcher im Alltag

Wissen Sie, für welche Dinge Sie besonders häufig oder besonders oft Geld ausgeben? Das Konsumverhalten läuft oft so automatisch ab, dass uns nicht bewusst ist, wofür wir unser Geld ausgeben. Wir staunen nur, dass am Ende des Monats alles weg ist. Hier lohnt sich der Blick auf Gewohnheiten und Rituale besonders.

Für mich ist ein Milchkaffee im Café etwas Herrliches und diesen Genuss möchte ich mir auch weiterhin gönnen. Doch muss es jeden Tag der Coffee-to-go sein? Bei rund 3 Euro pro Becher an fünf Tagen in der Woche kommen im Monat schnell mal 60 Euro zusammen. Und die Umweltbelastung durch Plastik kommt noch dazu. So schnell können 60 Euro monatlich gespart werden und auf Ihr Sabbatical Konto fließen. Welches sind Ihre Geldfresser im Alltag? Ist es das Kino oder kaufen Sie gerne und oft Bücher und Musik? Viele Dinge, auch Bücher kann man sich ausleihen oder gebraucht kaufen. Auch das spart Geld im Alltag. Und nach dem Lesen können Sie die Bücher bei Amazon wieder verkaufen. So sparen Sie Platz im Bücherregal und nehmen noch einen kleinen Betrag ein.

Tipp 8: Restaurantbesuche
Ein Abend mit Freunden im Restaurant ist etwas Schönes. Bei allen Einsparungen ist es wichtig, sich nicht alles zu verbieten, nur um des Sparens willen. Es ist jedoch wertvoll, das eigene Ausgabeverhalten zu reflektieren und dort zu ändern, wo es notwendig ist.

Ein selbst gekochtes Essen ist meist preiswerter als im Restaurant und vielleicht auch schon eine Vorfreude auf die Zeit im Sabbatical. Und als eigene Belohnung stecken Sie ruhig fünf Euro in die Sabbatical-Kasse. Auch damit kommen kleine Beträge zusammen. Sparen ist wirklich das Ergebnis vieler kleiner und nur manchmal größerer Schritte.

Tipp 9: Rauchen
Das Rauchen aufzugeben oder stark zu reduzieren, gehört schon eher zu den großen Schritten. Vielleicht bringt ein Sabbatical endlich die Motivation, um das Rauchen aufzugeben oder stark einzuschränken.

Ein mittelstarker Raucher raucht ein bis zwei Schachteln Zigaretten am Tag. Eine Schachtel kostet mittlerweile über 6 Euro. Da kommen im Monat locker 280 bis 360 Euro zusammen. Was meinen Sie, wie viel Geld dabei gespart werden kann? Bei 300 Euro Ersparnis kommen in nur zweieinhalb Jahren 9 000 Euro zusammen. Kaum zu glauben, allein damit ist der Löwenanteil eines Sabbatical-Budgets schon zusammen.

> **Tipp 10: Mietkosten**
> Mietkosten sind meist der Hauptbestandteil unserer monatlichen Festkosten. Nicht für jeden ist es eine Option, die Wohnung zu kündigen und wieder bei den Eltern einzuziehen. Vielleicht ist es dennoch eine gute Gelegenheit nachzudenken, ob es eine preiswertere Möglichkeit gibt zu wohnen.

Hier driften die Bedürfnisse der Menschen weit auseinander. Für die einen sind beispielsweise Wohngemeinschaften eine Form des Lebensstils und der Kommunikation, für den anderen sind sie das Grauen. Vielleicht gibt es noch andere Alternativen, zum Beispiel eine kleinere Wohnung zu suchen oder eine preiswertere in Randgebieten. Oder selbst einen Mitbewohner aufzunehmen. Das spart nicht nur Mietkosten, Sie haben auch gleich jemanden, der während des Sabbaticals auf die Wohnung achtet und vielleicht sogar die Basisstation zu Hause sein könnte.

> **Tipp 11: Urlaubsreisen**
> In einen »normalen Jahresurlaub« investiert man manchmal so viel Geld, dass es sich in einem anderen Land auf einfacher Basis schon einen Monat davon leben ließe. Darin steckt ein großes Sparpotenzial. Überlegen Sie, ob Sie auf teure Urlaube vor dem Sabbatical verzichten und das Geld lieber auf Ihr Sabbatical-Konto einzahlen.

Je mehr Sie Ihren Blick erstmal auf mögliche Einsparungen in Ihrem Alltag richten, umso mehr Möglichkeiten sehen Sie. Also viel Spaß und denken Sie immer an Ihr Ziel: Auf ins Sabbatical!

Einnahmen schaffen

Als ich in meinem achtmonatigen Sabbatical auf Reisen war, hätten meine engsten Freunde beim Anblick meiner Wohnung nicht beschwören können, dass ich wirklich weg bin. Das Fehlen vom Rucksack, einem Koffer und ein paar Kleidungsstücken fiel überhaupt nicht auf. Ich kam Monate mit so wenig an Kleidung und persönlichen Dingen aus, dass ich bei meiner Rückkehr von der Fülle an Möbeln, Büchern und Kleinkram wie erschlagen war. Und es hat mir nicht mehr gefallen. Ich fing an, mich von Dingen zu trennen. Es war eine Wohltat und brachte auch noch etwas Geld zurück in meine Kasse. Diesen Effekt können Sie früher haben.

Überlegen Sie, welche Möglichkeiten Sie haben, zusätzliche Einnahmen für Ihre Auszeit zu bekommen. Ich stelle Ihnen ein paar Ideen vor und bin mir sicher, Sie finden bestimmt noch mehr.

Totes Kapital aktivieren: Quellen die Bücherregale über? Überlegen Sie, ein weiteres Regal zu kaufen? Vielleicht ist jetzt der Zeitpunkt gekommen, um sich von Büchern zu trennen. Über Amazon und andere Portale lassen sich gebrauchte Bücher gut verkaufen und bringen etwas Geld auf das Sabbatical-Konto. Es ist eine prima Gelegenheit, sich von Lesestoff zu trennen, der vor fünf Jahren mal spannend war. Sich von alten überholten Dingen zu trennen, ist auch immer ein »Entrümpeln« der Seele. Erst hinterher spürt man, wie wohltuend das ist. Wenn gelesene Taschenbücher keinen Käufer finden, ist es vielleicht trotzdem eine gute Idee, sich davon zu trennen. Bücherstuben, Krankenhäuser und viele andere Einrichtungen freuen sich über Bücher. Damit schenken Sie anderen Freude und sich selbst mehr Platz in den Regalen.

Haben Sie ein Auto? Brauchen Sie es noch? Die Frage kommt nicht ohne Hintergedanken. Durch ein Auto entstehen große Kosten für Versicherung, Steuer und Unterhalt. Sind Sie in Ihrem Sabbatical ein Jahr auf Reisen, müssen Sie auch dafür sorgen, dass das Auto oder auch der Roller sicher abgestellt ist und sich jemand notfalls darum kümmern kann. Zusätzlich verliert das Fahrzeug in dieser Zeit an Wert, auch ohne sinnvoll genutzt zu werden. Wenn Sie es jetzt nicht wirklich brauchen, ist ein guter Zeitpunkt, es zu verkaufen. Nehmen

Sie das Geld vom Verkauf und den ersparten Kosten für Ihr Sabbatical oder legen Sie es auf die Seite, wenn Sie nach der Auszeit etwas Neues brauchen. Jeder Besitz kann auch belasten, denn man muss sich darum kümmern.

Sich beschenken lassen: Wie oft werden Sie von Ihren Eltern oder Freunden nach einem Tipp gefragt, was sie Ihnen zum Geburtstag oder zu Weihnachten schenken könnten? Ab jetzt haben Sie vermutlich immer Ideen. Lassen Sie sich die Dinge, die Sie sich für Ihre Auszeit anschaffen wollen, doch schenken. Egal ob es Wanderbekleidung, ein Reiseführer oder Zubehör für die Kamera ist. Das ist eine typische Win-win-Situation. Ihre Freunde haben eine Geschenkidee und Sie entlasten Ihre Sabbatical-Kasse.

Vielleicht lohnt sich auch die Anfrage bei Eltern, Großeltern und Paten, ob sie bereit wären, Ihre Pläne finanziell zu unterstützen. Jede »Spende« für Flugkosten oder den Sprachkurs ist willkommen. Vermutlich werden Sie feststellen, dass durch ihre Freude und Zielstrebigkeit auch Ihr Umfeld angesteckt wird.

Auch die Steuer hilft: Ich kenne keinen Menschen, der gerne seine Steuererklärung macht. Doch wenn Sie mit einer Erstattung rechnen, ist es die auf jeden Fall wert, den inneren Schweinehund zu überwinden. Vermutlich müssen Sie ein bis zwei Tage Zeit für diese Arbeit investieren. Überschlagen Sie mal kurz den Stundenlohn für die Höhe der erhofften Steuerrückerstattung. Dieser »Stundenlohn« ist vermutlich höher als Ihr üblicher Verdienst. Und Ihr Sabbatical-Konto wächst weiter an.

Auch das Finanzamt unterstützt Ihre Auszeit durch einen netten Nebeneffekt, die Steuerprogression. Jeder Monat ohne Lohn oder mit einem geringeren Gehalt zum Beispiel durch ein Teilzeitmodell verringert das Jahreseinkommen. Die Steuer wird noch nach dem höheren geplanten Einkommen berechnet und vom Gehalt abgezogen. Reduziert sich das Einkommen, wird auch der zu zahlende Steuersatz geringer. Sie haben jedoch noch den höheren Steuersatz bezahlt. Und den zu viel gezahlten Betrag holen Sie sich durch den Steuerjahresausgleich zurück.

Vermietung: Die Vermietung Ihrer Wohnung kann die Kosten Ihrer Auszeit enorm senken. Ausführliche Überlegungen und Tipps dazu sind im Kapitel 7 im Abschnitt »Wohnungsübergabe«.

Unterwegs arbeiten: Die Überlegung, während der Auszeit zu arbeiten, ist aus vielen Gründen spannend. Meist ist das Arbeiten in anderen Ländern an Auflagen gebunden und nicht jeder erhält dafür eine Erlaubnis. Die bekanntesten Möglichkeiten, um zu arbeiten, sind das Working Holiday Visa und Arbeiten gegen Kost und Logis.

Wer schon mal länger als drei Monate unterwegs war, hat bestimmt schon die Erfahrung gemacht, dass man nach einer Weile reisemüde wird oder von den vielen Eindrücken so überfüllt ist, dass eine Pause guttut. Arbeiten in einem anderen Land mit einer Form von Alltag und Verpflichtungen kann dann wohltuend sein. Es bringt neue Erfahrungen und kann durch freie Kost und Logis den Aufenthalt verlängern.

Wer mehr über Arbeiten im Ausland wissen will, schaut nochmal in die Anregungen im Kapitel 2. Dort geht es um Arbeiten im Ausland, Wwoofing, Freiwilligendienste, berufliche Fortbildung und mehr.

9. Motiviert zurückkehren

> ➤ Rückkehr in die Firma – Planen Sie den Wiedereinstieg vor dem Ausstieg
> ➤ Strategien gegen den Sabbatical-Blues
> ➤ Kein Weg zurück – Alternativen überlegen
> ➤ Fehler, die Sie bei der Rückkehr vermeiden sollten

Rückkehr in die Firma – Planen Sie den Wiedereinstieg vor dem Ausstieg

Das Wichtigste zuerst: Fremdeln ist okay! Während Sie viele Monate in der Welt unterwegs waren, ist die Zeit auch in der Heimat nicht stehen geblieben. Als ich nach meiner Weltreise zurückkam, hatte es große organisatorische Änderungen gegeben. Die Abteilung hatte sich vergrößert, es gab neue Referate und ein großer Aufgabenbereich von mir war in ein neues Referat gewandert.

Ein paar Gedanken im Vorfeld können helfen, die Rückkehr abzufedern. Meist denken wir an den Kulturschock nur dann, wenn wir ins Ausland aufbrechen. Wir können uns kaum vorstellen, uns bei der Rückkehr auch fremd vorzukommen. Also was können wir da tun?

Während des Sabbaticals

In einer Auszeit brauchen viele Menschen einen gesunden Abstand zum Beruf. Genauso viele wollen den Kontakt mit der Firma halten und über Entwicklungen auf dem Laufenden bleiben. Andere wiederum vereinbaren mit der Firma, für wichtige Termine während des Sabbaticals erreichbar zur sein.

> **Tipp:** Überlegen Sie im Vorfeld, welche Variante Ihnen persönlich oder beruflich guttut. Vielleicht halten Sie mit befreundeten Arbeitskollegen Kontakt und sind über wichtige Veränderungen im Bilde. So werden Sie nicht unangenehm überrascht.

Wieder zu Hause

> **Tipp:** Bleiben Sie nicht bis zum letzten Moment Ihrer Auszeit im Ausland. Kommen Sie ruhig ein bis zwei Wochen Zeit vor Ende des Sabbaticals zu Hause an. Nehmen Sie Tuchfühlung mit dem alten Leben auf.

Bereiten Sie sich auf das Arbeitsleben vor, und richten Sie sich auf Arbeitszeiten ein. Sie möchten doch entspannt wieder in den Job zurückkehren. Spätestens jetzt ist es gut, mit Kollegen oder dem Chef Kontakt aufzunehmen. Telefonieren Sie oder schauen Sie auf einen Kaffee vorbei. Damit erhält Ihre Firma Klarheit, dass Sie wieder zurück sind und die Hemmschwelle vor dem ersten Arbeitstag wird auch kleiner. Wenn Sie Freude daran haben, geben Sie nach ein paar Tagen einen kleinen Wiedereinstand.

Die ersten Tage im Job

Geben Sie sich selber Zeit und gewöhnen Sie sich wieder an den Alltag im Unternehmen und an die Arbeitszeiten. Nehmen Sie in Ruhe alle personellen und fachlichen Änderungen auf. Was hat sich in den Betriebsabläufen geändert? Wer wurde befördert? Wer ist neu dazugekommen? Was ist Wichtiges passiert? Im Sabbatical haben Sie doch die Gelassenheit schätzen gelernt. Es hat auch Vorteile, nicht auf jede Nachricht sofort reagieren zu müssen. Leben Sie sich in Ruhe wieder ein.

Vergleichbar ist die Situation damit, einen neuen Job zu beginnen. Sie kommen ja quasi mit einem frischen Blickwinkel von außen wieder zurück.

Erzählen Sie Kollegen vom Sabbatical und wie Sie die Erfahrungen beruflich nutzen können. Und rechnen Sie auch mit ganz unterschiedlichen Reaktionen: Freude, dass Sie wieder zurück sind, Schadenfreude, dass Ihre Auszeit vorbei ist. Nicht jeder freut sich mit Ihnen, mancher wird neidisch sein, weil seine Situation im Moment vielleicht keine Auszeit zulässt oder nicht genug Mut dafür da ist. Aber den ein oder anderen wird es auch motivieren, selbst über seine Ziele nachzudenken. Geben Sie sich also Zeit!

Nach einem vierwöchigen Urlaub sind die ersten zwei Tage auch mühsam, nach sechs Monaten darf es dann ruhig etwas länger dauern.

Strategien gegen den Sabbatical-Blues

Die Rückkehr aus einer langen Auszeit ist ein heftiger Einschnitt, bei dem man schon in ein tiefes Loch fallen kann. Erschrecken Sie deshalb nicht, wenn Sie nach einem Sabbatical von einem Sabbatical-Blues befallen werden.

Wie gesagt, es gibt auch einen Kulturschock, wenn man wieder in sein altes Leben zurückkommt. Die eigene Stadt fühlt sich vielleicht fremd an, die Menschen sind so laut, so gleichgültig, so unhöflich. Waren die schon immer so, oder empfinden Sie es jetzt anders? Vermutlich etwas von beidem. Ihnen fehlen die Bekanntschaften aus den letzten Monaten und die Freiheit, jeden Tag aufs Neue das tun zu können, wonach Ihnen jetzt der Sinn steht, selbst wenn Ihre Arbeit Ihnen Freude macht.

Nutzen Sie die Zeit vor dem Arbeitsbeginn und nehmen Sie Ihre Wohnung und Ihr Leben hier wieder in Besitz. Schreiben Sie Briefe oder E-Mails an Freunde und Bekannte und melden Sie sich zurück. Sichten Sie die Fotos aus dem Sabbatical und stellen Sie ein Best-off zusammen. Bringen Sie Souvenirs für Ihre Lieben und auch für sich selbst mit und verschenken Sie sie. Je nach Jahreszeit können Sie eine Willkommensparty oder ein Picknick veranstalten.

Wege aus dem Sabbatical-Blues gibt es viele. Jeder muss sicher seinen eigenen finden. Ich möchte Ihnen aber ein paar Anregungen geben:

Fotos ansehen und Freunde treffen

Nach mehreren Monaten im Sabbatical benötigt fast jeder etwas Zeit, um wieder zu Hause anzukommen. Lassen Sie es entspannt angehen. Genießen Sie den Kontakt mit Freunden und Familie, nachdem lange Zeit die Kommunikation nur über Skype oder E-Mail stattfand. Haben Sie Fotos von Ihrer Reise oder Ihren Erlebnissen in der Auszeit gemacht? Zeigen Sie Ihre Fotos und erzählen Sie, wie es Ihnen ergangen ist. Berichten Sie von den schönen, aber auch von den vielleicht traurigen oder unangenehmen Erlebnissen. Lassen Sie allerdings die »Dosis Auszeit« nicht zu viel werden. Meist kann man Erlebnisse einmal erzählen, danach wird es für andere schnell langweilig. Bei Ihren Freunden ist das Leben in der Zwischenzeit ja auch weitergegangen und sie möchten davon erzählen, selbst wenn es nicht so aufregend war wie bei Ihnen. Geben Sie Ihnen dazu eine Chance.

Gleichgesinnte und Leidensgenossen

Es ist ganz natürlich, Orte und Menschen zu vermissen, mit denen Sie besondere Erlebnisse und Gefühle verbinden. Haben Sie noch Kontakt mit ihnen oder mit anderen Reisenden? Wer ist bereits vor Ihnen wieder nach Deutschland zurückgekommen? Rufen Sie Ihre Leidensgenossen an – geteiltes Leid ist oft heilsam. Wer sonst kann diese Gefühle, die in uns sind, ohne große Worte verstehen? Den anderen geht es vermutlich gerade genauso wie Ihnen. Sie können sich gegenseitig stärken und Tipps geben, um aus diesem Loch wieder herauszukommen.

Eine andere Möglichkeit ist, Gleichgesinnte zu suchen, zum Beispiel über Facebook-Gruppen oder Treffpunkte besonderer Art in Ihrer Stadt. Es gibt Treffen von Globetrottern und Stammtische für Fans. Eine gute Bekannte ist in der Facebook-Gruppe für die kleine Nordseeinsel Texel. Halten Sie Ausschau nach Menschen, die Ähnliches wie Sie unternommen haben, ob es ein Studium im Ausland ist, ein Sozialprojekt in Namibia oder eine Reise mit dem Fahrrad durch Neuseeland.

Ein Sabbatical-Blues ist nicht immer leicht auszuhalten. Freuen Sie sich trotzdem, dass Sie so intensive Gefühle haben. Vielen Menschen ist dieses Glück nicht gegeben. Es ist immer schmerzlich, etwas Besonderes im Leben loszulassen.

Gehen Sie in die Natur

Kaum sind wir wieder in unserem Alltag zurück, spielt sich ein großer Teil des Lebens in geschlossenen Räumen ab. Nutzen Sie jede Gelegenheit, draußen an der frischen Luft zu sein. In Ihrer Auszeit waren Sie vermutlich einen großen Teil Ihrer Zeit draußen. Spazieren gehen löst nicht nur körperliche Spannungen vom Arbeitsplatz, es ist auch der beste Problemlöser. Beim Spazierengehen beginnen die Gedanken zu fließen, es regt die Kreativität an und ist auch sonst sehr hilfreich. Außerdem ist es eine gute Möglichkeit, eine Weile allein mit sich und seinen Gedanken zu sein.

Warum Sie nicht zu viele Pläne machen sollten

Kaum sind wir zurück im Beruf, haben wir meist auch unseren alten äußeren Taktgeber zurück. Jetzt ist die Gefahr groß, in alte Gewohnheiten zurückzufallen. Gewohnheiten, die wir vielleicht ändern wollten, denn im Sabbatical haben wir gemerkt, was uns alles guttut. Eine Hilfe ist es, die Freizeit nicht mehr komplett durchzutakten. Ein Wochenende randvoll gefüllt mit eigentlich tollen Verabredungen zum Kaffee, zum Konzert und dann noch zum Joggen lässt uns oft schon seufzen und hinterlässt ein Gefühl der Verpflichtung. Nehmen Sie das Tempo raus. Machen Sie nicht so viele Pläne und lassen Sie Raum für spontane Verabredungen. Genießen Sie ruhig Zeit mit sich allein und vertrauen Sie auf den Flow.

Enddecken Sie Ihre eigene Stadt

Haben Sie auch schon mal neidische Gedanken gehabt, wenn Sie Touristen in Ihrer Stadt sehen, die alle Zeit der Welt haben und im Café sitzen, während Sie zur Arbeit hetzen? Setzen Sie sich an einem Markttag in ein Straßencafé und genießen Sie die Menschen um sich herum. Seien Sie Tourist in Ihrer Stadt. Wie viele Ecken kennen Sie noch nicht und welche Ausstellung wollen Sie sich gerne ansehen? Lassen Sie sich treiben und vielleicht staunen Sie, wie viel Sie noch nicht kennen. Muße zu haben, ist ein wunderbarer Weg, um zur inneren Ruhe zu finden.

Planen Sie kleine Abenteuer

Manchmal hat man ein Gefühl der Enge, sobald man wieder zu Hause ist. Oder die Reiselust und der Drang, Neues zu sehen, ist einfach riesengroß. Warum nicht einfach einen Kurztrip machen? Eine Stadt wie Prag oder Rom, die Sie gerne kennenlernen möchten oder ein Yogawochenende an der Ostsee. Machen Sie die Dinge, auf die Sie Lust haben.

Lernen Sie Neues

Was hat Sie im Sabbatical besonders interessiert? Und was davon möchten Sie gerne in Ihr Leben nach dem Sabbatical aufnehmen? Vielleicht ist es Tangotanzen oder eine andere Leidenschaft. Für manche ist es das Bedürfnis, sich im Naturschutz zu engagieren oder an einem sozialen Projekt teilzunehmen. Es kann auch die Begeisterung sein, eine Sprache aus Ihrem Lieblingsland weiter zu lernen.

Vielleicht wollen Sie andere Menschen an Ihren Erfahrungen teilhaben lassen und Sie schreiben über Ihre Auszeit. Es gibt viele Wege, das zu tun, egal ob als Blog, als Buch oder als Austausch mit Anderen.

Was wollen Sie jetzt mit den Erfahrungen aus Ihrer Auszeit neu lernen? Lernen und machen Sie genau das, was Sie wirklich gerne tun. Als Bonus treffen Sie dabei Menschen, die sich für die gleichen Dinge interessieren.

Kein Weg zurück – Alternativen überlegen

Viele Menschen fühlen sich nach der Rückkehr aus einer Auszeit in der ersten Zeit fremd. Zu Ihrer Beruhigung kann ich Ihnen sagen, dass sich das nach einer Weile wieder gibt und dann fühlen Sie sich genauso wohl wie vorher oder sogar noch besser. Es kann jedoch auch Situationen geben, in denen Sie immer deutlicher merken, dass es diese Arbeit oder diese Firma für Sie einfach nicht mehr ist.

Dann denken Sie ruhig über Alternativen nach. Die können innerhalb Ihres Unternehmens liegen oder auch außerhalb. Wenn es Stellenausschreibungen gibt, die Sie interessieren, schauen Sie sie ruhig an. Nutzen Sie Ihre inneren Ressourcen, sich ein neues Arbeitsgebiet zu suchen, das Ihnen jetzt entspricht. Das bedeutet aber auch, sich mit den möglichen Konsequenzen zu beschäftigen:

- Welche Kündigungsfristen haben Sie?
- Wie sieht es finanziell aus?
- Wie überbrücken Sie den Übergang bis zu einer neuen Stelle? Bekommen Sie Arbeitslosengeld und wann muss es beantragt werden?

Denkbare Veränderungen nach der Auszeit

Teilzeitarbeit

Vielleicht möchten Sie es nach Ihrer Auszeit eine Weile ruhiger angehen lassen und Ihre Arbeitszeit reduzieren. Gründe für eine zufriedenstellende Teilzeitbeschäftigung gibt es viele:

- mehr freie Zeit für eine ausgewogenere Balance zwischen Beruf und Familie,
- persönlicher Freiraum für eigene Bedürfnisse wie Gesundheit oder Reflexion,
- Erwerben einer anderen berufliche Qualifikation,
- mehr Zeit für die Bedürfnisse des Partners und der Kinder,
- Entwickeln neuer sozialer Kompetenzen,
- Lernen von Qualifikationen wie Organisationsfähigkeit und Flexibilität.

Homeoffice

Der Begriff Homeoffice oder auch Telearbeit wird für Angestellte, Selbstständige und Freiberufler gleichermaßen verwendet. Es bedeutet, dass die Arbeit an mehreren Tagen in der Woche oder im Monat zu Hause erledigt wird und nicht in den Räumen des Unternehmens.

Für Arbeitnehmer ist es eine Möglichkeit, lange Anfahrtszeiten zur Arbeitsstelle zu vermeiden und damit Kosten einzusparen. Die Voraussetzung ist natürlich, dass Ihr Arbeitsplatz für eine solche Arbeitsorganisation geeignet ist. Auf Arbeitgeberseite können vielleicht Kosten eingespart werden, weil weniger Büroräume angemietet werden müssen. Auf Homeofficezeiten gibt es keinen Rechtsanspruch. Doch immer mehr Unternehmen wissen, dass sie die Flexibilität und Leistungsfähigkeit ihrer Mitarbeiter durch solch innovative Maßnahmen steigern können. Hierzu ist mit dem Arbeitgeber eine besondere Vereinbarung zu treffen.

Selbstständigkeit
Vielleicht überlegen Sie schon länger, sich selbstständig zu machen oder zumindest nebenberuflich selbstständig. Wenn dazu auch eine gute Geschäftsidee kommt, machen Sie sich mit den Anforderungen vertraut, die zu bewältigen sind. Ein Selbstständiger hat gerade in der Anfangszeit viele Aufgabenbereiche selbst zu erledigen. Prüfen Sie, ob Ihre Geschäftsidee auch tragfähig ist und erstellen Sie einen Businessplan. So erhalten Sie Klarheit über die Kosten und den Gründungsaufwand.

Das Bundesministerium für Wirtschaft und Energie hat für die ersten Schritte in die Selbstständigkeit hilfreiche Tipps unter: https://www.existenzgruender.de/DE/Gruendung-vorbereiten/Gruendung-im-Ueberblick/inhalt.html.

Digitales Nomadentum
Wikipedia definiert digitale Nomaden so:»Ein digitaler Nomade (auch Internet-Nomade, Büronomade, urban nomad) ist ein Unternehmer oder auch Arbeitnehmer, der fast ausschließlich digitale Technologien anwendet, um seine Arbeit zu verrichten und zugleich ein eher ortsunabhängiges beziehungsweise multilokales Leben führt.«

Menschen, die online arbeiten und gerne überall auf der Welt arbeiten möchten, sind hier in ihrem Element. Man findet sie häufig in Tätigkeiten wie Webdesign, Programmieren und Bloggen. Das Faszinierende bei dieser Form ist, überall dort arbeiten zu können, wo es Ihnen gerade gefällt, am Strand in Thailand, bei den pflegebedürftigen Eltern oder in einem Coworking-Space in Berlin oder Rom. Im Internet finden Sie Geschäftsmodelle dazu bis hin zu Jobbörsen.

Auslandsjob

Für manche ist durch das Sabbatical die Begeisterung geweckt, eine Zeitlang im Ausland zu arbeiten. Vielleicht haben Sie sogar ein Jobangebot erhalten, das Ihnen zusagt. Eine spannende Internetseite für Informationen und Tipps für die Jobsuche im Ausland ist www.auslandsjob.de. Neben Planungschecklisten gibt es Übersichtstabellen, welche Länder für deutsche Staatsbürger das Working-Holiday-Visum anbieten.

Starten Sie im Internet mit einer Suche, es gibt Informationen und viele Jobbörsen für Jobs im Ausland wie beispielsweise www.workwide.de.

Auswandern

Manchmal wachsen das Fernweh und die Sehnsucht, im Ausland ein neues Leben zu beginnen. Oder die Unzufriedenheit mit der bisherigen Arbeit oder den Lebensumständen ist so groß, dass Sie im Ausland für sich bessere Berufschancen sehen. Vielleicht möchten Sie eine Zeitlang im Ausland leben, um Ihre Sprachkenntnisse zu erweitern und mehr Freizeit- und Lebensqualität zu haben. Mit der Entscheidung für das Auswandern beginnt eine spannende und intensive Vorbereitung. Zwei interessante Webseiten für Informationen und Tipps zum Auswandern sind: www.auswandertips.com und www.auswandern-handbuch.de.

Drei Fehler, die Sie bei der Rückkehr vermeiden sollten

Bis zum letzten Moment wegbleiben: Bei zwei Wochen Urlaub ist es selbstverständlich, den Urlaub solange es geht auszukosten. Bei einer Auszeit von sechs Monaten oder länger geben Sie sich lieber die Möglichkeit, wieder in Ruhe zu Hause anzukommen. Wir haben uns, ohne es zu merken, an andere Kulturen gewöhnt und sind überrascht, uns in der eigenen Stadt und vielleicht sogar in unserem alten Freundeskreis fremd zu fühlen. Geben Sie sich und anderen Zeit, die Beziehungen wieder aufzunehmen und in Ihrem alten Leben wieder anzukommen.

Den Neid der Kollegen entfachen: Wenn Sie nach der Rückkehr Ihren Kollegen nur von Ihrer tollen Zeit vorschwärmen und nun in Frust baden, weil Sie wieder zurück sind, macht das auf Dauer auch die umgänglichsten Kollegen missmutig. Auch deren Leben ist weitergegangen. Fragen Sie, wie es ihnen und ihren Familien geht und was in der Zwischenzeit passiert ist. Genauso wie Sie sich über Anteilnahme an Ihrer Auszeit freuen, möchten andere ebenfalls Ihr Interesse spüren. Auch wenn Sie als Rückkehrer ein paar Tage Schonfrist haben, fragen Sie nach Neuerungen im Unternehmen und lassen Sie sich auf die Veränderungen ein, die zwischenzeitlich stattgefunden haben.

Nicht loslassen können: Schauen Sie nach vorn, auch wenn der Sabbatical-Blues Sie gepackt haben sollte. Jede wunderbare Phase im Leben, die zu Ende geht, erfüllt uns mit Wehmut. Das darf sie auch. Wenn wir locker zum nächsten Tagesordnungspunkt übergehen könnten, wäre es wohl nicht so etwas Besonderes gewesen.

Jetzt geht es darum, diese wunderbare Zeit in Ihr neues Leben mitzunehmen. Schauen Sie sich die Tipps zum Sabbatical-Blues nochmal an. Welcher kann Ihnen dabei helfen?

Ein paar Worte zum Schluss

Liebe Leserin, lieber Leser, jetzt sind wir ein Stück Weg gemeinsam gegangen und Sie haben viel zum Thema Sabbatical gelesen. Ich hoffe, es hat Ihnen Mut und Lust gemacht, Ihren Traum in die Wirklichkeit umzusetzen. Wenn ich Sie dabei inspirieren und motivieren konnte, ist das für mich der schönste Erfolg. Ich wünsche Ihnen alles Gute für Ihre »Reise« ins Sabbatical.

Bevor Sie dieses Buch aus der Hand legen, habe ich noch eine Bitte. Planen ist wichtig, doch nur Ihr Handeln bringt Sie Ihrem Sabbatical näher. Deshalb bitte ich Sie, jetzt einen aktiven Schritt in Richtung Auszeitplanung zu machen. Entscheiden Sie sich für einen Punkt auf Ihrer persönlichen To-do-Liste und setzen Sie ihn in den nächsten 24 Stunden um.

Dieser Schritt kann ganz unterschiedlich sein: beispielsweise eine Memokarte für Ihr Wunschreiseland anlegen, eine App für die Finanzplanung herunterladen oder die drei wichtigsten Wünsche aufschreiben, die Sie sich von einem Sabbatical erhoffen.

Wollen Sie Ihr Bedürfnis nach Freiheit oder Neugierde auf andere Kulturen erfüllen, oder suchen Sie neue berufliche Impulse für die Zukunft? Das Wissen darum, was Ihr innerer Antrieb ist, ist die beste Voraussetzung für ein erfolgreiches Sabbatical.

Fangen Sie mit etwas an, das Ihnen Spaß macht, und beginnen Sie es jetzt. Verschieben Sie Ihr Leben nicht auf morgen. Leben Sie jetzt und heute, kreieren Sie heute und freuen Sie sich heute.

Ich wünsche Ihnen viel (Vor-)Freude bei der Planung Ihres Sabbaticals, und kommen Sie mit wunderbaren Erfahrungen wieder zurück. Und wenn Sie mal in der Planung feststecken und Unterstützung suchen, dann melden Sie sich gerne telefonisch oder per E-Mail bei mir.

Unser Leben ist zu wertvoll, um auf unseren Traum zu verzichten.

Jetzt sind Sie dran.

Mein erster Schritt ins Sabbatical ist:

_____

_____

_____

_____

_____

_____

Anhang

Sabbatical-Regelungen in den einzelnen Bundesländern für Landesbeamte, Tarifangestellte und Lehrer

Gesetze, Verordnungen und Tarifverträge sind im ständigen Veränderungsprozess und werden weiterentwickelt. Der hier abgebildete Stand vom März 2019 ist eine Momentaufnahme und gibt deshalb nur einen Anhaltspunkt. Bitte informieren Sie sich über die aktuellen Vorschriften in Ihrem Bundesland. Mögliche Ansprechpartner sind die Personalstellen, die Schulleitungen und die Personalräte.

Baden-Württemberg

	Beamte	Tarifangestellte	Lehrer
Gesetzliche Grundlage	§ 153 g LBG Baden-Württemberg*	§ 11 Abs. 2 TV-L und § 6 Abs. 2 TV-L**	§ 69 Absatz 5 LBG gilt für Beamte und analog für Angestellte ***
Länge des Sabbaticals	1 Jahr	1 Jahr	1 Jahr
Gesamtzeitraum	3 bis 8 Jahre	3 bis 8 Jahre	2/3 bs 7/8
Zeitliche Lage des Sabbaticals	Am Ende des Zeitraumes	Am Ende des Zeitraumes	Am Ende des Zeitraumes, Abweichungen sind möglich
Sonstiges	Alle Ministerien haben für die eigenen Geschäftsbereiche Regelungen erlassen	Es werden Einzelvereinbarungen geschlossen	Gilt nicht für Schulleiter

*   Landesbeamtengesetz Baden-Württemberg
**   TV-L Tarifvertrag für den öffentlichen Dienst der Länder
***   Verwaltungsvorschrift des Ministeriums für Wissenschaft, Forschung und Kunst vom 9.8.2017

Antragstellung:

- Beamtete Lehrer und angestellte Lehrer: Ministerium für Kultur, Jugend und Sport über das Onlineportal: https://www.lehrer-online-bw.de/,Len/Startseite/stewi-versetzung/STEWI-Informationen-Verfahren
- Andere Landesbeamte und Angestellte im öffentlichen Landesdienst: bei der Personaldienststelle

Bayern

	Beamte	Tarifangestellte	Lehrer
Gesetzliche Grundlage	Artikel 88 Absatz 4 Bay BG*	§ 11 Abs. 2 TV-L und § 6 Abs. 2 TV-L**	Artikel 88 Absatz 4 Bay BG*, Regelung gilt für Beamte und Angestellte
Länge des Sabbaticals	1 Jahr	1 Jahr	1 bis 2 Jahre
Gesamtzeitraum	3 bis 10 Jahre	3 bis 10 Jahre	3 bis 10 Jahre
Zeitliche Lage des Sabbaticals	Am Ende des Zeitraumes	Am Ende des Zeitraumes	Am Ende des Zeitraumes
Sonstiges	Wenn dienstliche Belange nicht entgegenstehen, teilweise bestehen Obergrenzen	Wenn dienstliche Belange nicht entgegenstehen, teilweise bestehen Obergrenzen	Wenn dienstliche Belange nicht entgegenstehen Begrenztes Kontingent Gilt nicht für Schulleiter und Vertretungen

*   BayBG Bayerisches Beamtengesetz
** TV-L Tarifvertrag für den öffentlichen Dienst der Länder

Berlin

	Beamte	Tarifangestellte	Lehrer
Gesetzliche Grundlage	§ 54 Absatz 1 LBG Berlin*	11 TV-L**	§ 11 TV-L für angestellte Lehrer § 54 LBG für beamtete Lehrer
Länge des Sabbaticals	1 Jahr	1 Jahr	½ Jahr oder 1 Jahr
Gesamtzeitraum	3 bis 7 Jahre	3 bis 7 Jahre	3 bis 7 Jahre
Zeitliche Lage des Sabbaticals	Frühestens ab Mitte des Ansparzeitraumes	Frühestens ab Mitte des Ansparzeitraumes	Frühestens nach der Hälfte des Bewilligungszeitraumes
Sonstiges	Wenn dienstliche Belange nicht entgegenstehen	Wenn dienstliche Belange nicht entgegenstehen	Wenn dienstliche Belange nicht entgegenstehen

*   LBG Landesbeamtengesetz Berlin
** TV-L Tarifvertrag für den öffentlichen Dienst der Länder

Brandenburg

	Beamte	Tarifangestellte	Lehrer
Gesetzliche Grundlage	§ 78 Abs. 4 LBG Brandenburg*	§ 10 Abs. 6 TV-L und das Arbeitszeitgesetz**	Gleiche Regelungen wie für Tarifbeschäftigte
Länge des Sabbaticals	Bis zu 2 Jahren	Bis zu 2 Jahren	Bis zu 2 Jahren
Gesamtzeitraum	Bis zu 14 Jahren	Bis zu 14 Jahren	Bis zu 14 Jahren
Zeitliche Lage des Sabbaticals	Am Ende des Bewilligungszeitraumes	Am Ende des Bewilligungszeitraumes	Am Ende des Bewilligungszeitraumes
Sonstiges	Ein Anspruch besteht nicht	Sabbatical wird über ein Langzeitkonto geregelt	Lehrkräfte können die Freistellungsphase nur während eines Schulhalbjahres/Schuljahres nehmen

* Landesbeamtengesetz Brandenburg
** TV-L Tarifvertrag für den öffentlichen Dienst der Länder

Bremen

	Beamte	Tarifangestellte	Lehrer
Gesetzliche Grundlage	§ 2b Bremische AZV*	§ 2b Bremische AZV*	§ 2b Bremische AZV*
Länge des Sabbaticals	6 Monate oder 12 Monate	6 Monate oder 12 Monate	6 Monate oder 12 Monate
Gesamtzeitraum	2 bis 7 Jahre	2 bis 7 Jahre	2 bis 7 Jahre
Zeitliche Lage des Sabbaticals	Am Ende des Bewilligungszeitraumes		Freistellungszeitraum nur während des Schulhalbjahres
Sonstiges	Zum 1. des Monats	Zum 1. des Monats	1.2 und 1.8. des Jahres

Informationen unter: https://www.transparenz.bremen.de, Suchbegriff: Sabbatical, Sabbatjahr
* Bremische Arbeitszeitverordnung

Hamburg

	Beamte	Tarifangestellte	Lehrer
Gesetzliche Grundlage	§ 2 ArbzVO Beamte *	§ 11 TV-L**	Beamte: § 62, 63 HmbBG*** Angestellte: § 11 TV-L
Länge des Sabbaticals	1 Jahr	1 Jahr	1 Jahr
Gesamtzeitraum	Bis 7 Jahre	Bis 7 Jahre	2 bis 7 Jahre
Zeitliche Lage des Sabbaticals	Frühestens ab der Hälfte des Bewilligungszeitraumes	Frühestens ab der Hälfte des Bewilligungszeitraumes	Am Ende des Zeitraumes
Sonstiges	Entscheidung liegt im Ermessen der zuständigen Behörde	Entscheidung liegt im Ermessen der zuständigen Behörde	Entscheidung liegt im Ermessen der zuständigen Behörde

* Verordnung über die Arbeitszeit der Beamtinnen und Beamten
** TV-L Tarifvertrag für den öffentlichen Dienst der Länder
*** Hamburger Beamtengesetz

Hessen

	Beamte	Tarifangestellte	Lehrer
Gesetzliche Grundlage	§ 62 HBG* und § 1 HAZV**	§ 11 TV-Hessen***	Beamte: Verordnung über besondere Formen der Teilzeitbeschäftigung und flexibler Arbeitszeit für beamtete Lehrkräfte an öffentlichen Schulen Angestellte: § 44 TV Hessen enthält eine Sonderregelung für Lehrkräfte. Es werden die Bestimmungen für Beamte angewendet
Länge des Sabbaticals	Bis 1 Jahr	Bis 1 Jahr	Bis 1 Jahr
Gesamtzeitraum	Bis 8 Jahre	3 bis 8 Jahre	2 bis 7 Jahre
Zeitliche Lage des Sabbaticals	Am Ende des Zeitraumes	Am Ende des Zeitraumes	Am Ende des Zeitraumes
Sonstiges	Entscheidung liegt im Ermessen der zuständigen Behörde	Individuelle Vereinbarung, Entscheidung liegt im Ermessen der zuständigen Behörde	Entscheidung liegt im Ermessen der zuständigen Behörde

* Hessisches Beamtengesetz
** Hessische Arbeitszeitverordnung
*** TV-L Tarifvertrag des Landes Hessen

Mecklenburg-Vorpommern

	Beamte	Tarifangestellte	Lehrer
Gesetzliche Grundlage	§ 4 AZVO Mecklenburg-Vorpommern*	Erlass des Finanzministeriums Mecklenburg-Vorpommern zum Sabbatical 2013	Siehe Regelungen für Beamte und Tarifangestellte
Länge des Sabbaticals	1 Jahr	1 Jahr	
Gesamtzeitraum	2 bis 7 Jahre	2 bis 7 Jahre	
Zeitliche Lage des Sabbaticals	Am Ende des Bewilligungszeitraumes	Am Ende des Bewilligungszeitraumes	
Sonstiges	Entscheidung liegt im Ermessen der zuständigen Behörde	Entscheidung liegt im Ermessen der zuständigen Behörde	

Dienstleistungsportal: http://www.landesrecht-mv.de/jportal/portal/page/bsmvprod.
psml?showdoccase=1&doc.id=jlr-BeamtArbZVMVrahmen&doc.part=X&doc.origin=bs&st=lr
* Arbeitszeitverordnung Mecklenburg-Vorpommern

Niedersachsen

	Beamte	Tarifangestellte	Lehrer
Gesetzliche Grundlage	§ 61 NBG*	§ 8a, § 8b Nds ArbZVO** mit § 11 TV L***	Beamte und Angestellte § 6, 8a 8b Nds. ArbZVO**
Länge des Sabbaticals	Bis 12 Monate	Bis 12 Monate	6 oder 12 Monate
Gesamtzeitraum	1 bis 7 Jahre	1 bis 7 Jahre	1 bis 7 Jahre
Zeitliche Lage des Sabbaticals	Ab Mitte des Bewilligungszeitraumes	Ab Mitte des Bewilligungszeitraumes	Ab Mitte des Bewilligungszeitraumes Freistellung nur für Schulhalbjahr oder Schuljahr möglich
Sonstiges	Frühestens nach 10 Jahren Dienstzugehörigkeit Wenn dienstliche Belange nicht entgegenstehen Anspar- und Freistellungsphase müssen mit Vollendung des 59. Lebensjahres beendet sein	Frühestens nach 10 Jahren Dienstzugehörigkeit	Frühestens nach 10 Jahren Dienstzugehörigkeit Wenn dienstliche Belange nicht entgegenstehen Anspar- und Freistellungsphase müssen mit Vollendung des 59. Lebensjahres beendet sein Gilt auch für Funktionsinhaber

* Niedersächsisches Beamtengesetz
** Niedersächsische Arbeitszeitverordnung
*** TV-L Tarifvertrag für den öffentlichen Dienst der Länder

Nordrhein-Westfalen

	Beamte	Tarifangestellte	Lehrer
Gesetzliche Grundlage	§§ 63 Absatz 1, 64 LBG NRW*	§ 11 Abs. 2 TV-L mit § 6 Absatz 2 TV-L**	Für angestellte und beamtete Lehrer; §§ 78 b Abs. 4 LBG NRW *
Länge des Sabbaticals	Bis zu 1 Jahr	Bis zu 1 Jahr	Bis zu 1 Jahr
Gesamtzeitraum	3 bis 7 Jahre	3 bis 7 Jahre	3 bis 7 Jahre
Zeitliche Lage des Sabbaticals	Am Ende des Zeitraumes	Am Ende des Zeitraumes	Am Ende des Zeitraumes Beginn nur zum 1.8. des Jahres
Sonstiges	Wenn dienstliche Belange nicht entgegenstehen	Wenn dienstliche Belange nicht entgegenstehen	Lehrkräfte können die Freistellungsphase nur während eines Schulhalbjahres/Schuljahres nehmen Antragsfrist zum Februar des Jahres Gilt nicht für Schulleiter

*   Landesbeamtengesetz Nordrhein-Westfalen
** Tarifvertrag für den öffentlichen Dienst der Länder

Antragstellung:

- Antrag für Lehrer: Bei der jeweiligen Bezirksregierung.
- Antrag für andere Landesbeamte und Tarifangestellte: Personaldienststelle

Rheinland-Pfalz

	Beamte	Tarifangestellte	Lehrer
Gesetzliche Grundlage	§ 5 Absatz 3 Nr. 1 ArbZVO*	Keine allgemeine Sabbatjahrregelung. Allgemeine und individuell auszuhandelnde Teilzeitregelung über § 8 TzBfG**	Beamtete Lehrkräfte: § 6a Lehrer AZVO; Tarifangestellte Lehrer: § 6 Absatz 2 Satz 2 TV-Lehrer***
Länge des Sabbaticals	Bis zu 1 Jahr	Bis zu 1 Jahr	1 Jahr
Gesamtzeitraum	Mindestens 2 Jahre	Mindestens 2 Jahre	2 bis 7 Jahre
Zeitliche Lage des Sabbaticals	Am Ende des Bewilligungszeitraumes	Am Ende des Bewilligungszeitraumes	Am Ende des Zeitraumes
Sonstiges	Freistellung muss 2 Jahre vor Erreichen der gesetzlichen Altersgrenze beendet sein. Wenn dienstliche Belange nicht entgegenstehen	Wenn dienstliche Belange nicht entgegenstehen	Lehrkräfte können die Freistellungsphase nur während eines Schulhalbjahres/Schuljahres nehmen. Freistellung muss 2 Jahre vor Erreichen der gesetzlichen Altersgrenze beendet sein. Schulleiter sind ausgeschlossen

*   Arbeitszeitverordnung
**   Teilzeit- und Befristungsgesetz
*** Tarifvertrag für den öffentlichen Dienst der Länder – Lehrer

Saarland

	Beamte	Tarifangestellte	Lehrer
Gesetzliche Grundlage	§ 8 AZVO*	Keine allgemeine Sabbatjahrregelung. Allgemeine und individuell auszuhandelnde Teilzeitregelung über § 8 TzBfG **	§ 79 Saarländisches BG***
Länge des Sabbaticals	1 Jahr	1 Jahr	1 Jahr
Gesamtzeitraum	2 bis 7 Jahre	2 bis 7 Jahre	2 bis 7 Jahre
Zeitliche Lage des Sabbaticals	Am Ende des Zeitraumes	Am Ende des Zeitraumes	Am Ende des Zeitraumes
Sonstiges	Wenn dienstliche Gründe nicht entgegenstehen	Wenn dienstliche Gründe nicht entgegenstehen	Wenn dienstliche Gründe nicht entgegenstehen

*   Arbeitszeitverordnung
**   Teilzeit- und Befristungsgesetz
*** Saarländisches Beamtengesetz

Sachsen

Sachsen hat nahezu gleiche Regelungen zum Sabbatical für Beamte und Tarifangestellte. Für Tarifangestellte hat das Staatministerium für Finanzen Durchführungsbestimmungen erlassen.

	Beamte	Tarifangestellte	Lehrer
Gesetzliche Grundlage	§ 97 Abs. 5 und 6 SächsBG* und § 1 Abs. 4 SächsAZVO**	§ 6 Abs. 2 Satz 2 TV-L***	Ein Sabbatjahr ist individuell mit der Schulleitung auszuhandeln.
Länge des Sabbaticals	Bis zu einem Jahr	Bis zu einem Jahr	Bis zu einem Jahr
Gesamtzeitraum	Maximal 10 Jahre	Maximal 10 Jahre	Maximal 10 Jahre
Zeitliche Lage des Sabbaticals	Ab Mitte des Bewilligungszeitraumes	Ab Mitte des Bewilligungszeitraumes	Ab Mitte des Bewilligungszeitraumes
Sonstiges	Ermessensentscheidung der zuständigen Behörde	Ermessensentscheidung der zuständigen Behörde	Ermessensentscheidung der zuständigen Behörde

*   Sächsisches Beamtengesetz
**   Sächsische Arbeitszeitverordnung
*** Tarifvertrag für den öffentlichen Dienst der Länder

Sachsen-Anhalt

	Beamte	Tarifangestellte	Lehrer
Gesetzliche Grundlage	§ 64 Absatz 4 LBG von Sachsen-Anhalt	§ 6 Absatz 2 Satz 2 TV-L**	§ 6 Absatz 2 Satz 2 TV-L**
Länge des Sabbaticals	3 bis 12 Monate	Bis 1 Jahr	1 Jahr
Gesamtzeitraum	1 bis 7 Jahre	4 bis 7 Jahre	4 bis 7 Jahre
Zeitliche Lage des Sabbaticals	Am Ende des Zeitraumes	Am Ende des Zeitraumes	Am Ende des Zeitraumes
Sonstiges	Wenn personalwirtschaftliche oder dienstliche Gründe nicht entgegenstehen	Wenn personalwirtschaftliche oder dienstliche Gründe nicht entgegenstehen	Lehrkräfte können das Freistellungsjahr nur während des Schuljahres nehmen Antrag ist spätestens drei Monate vor Beginn des Schuljahres zu stellen

* Landesbeamtengesetz von Sachsen-Anhalt
** Tarifvertrag für den öffentlichen Dienst der Länder

Schleswig-Holstein

	Beamte	Tarifangestellte	Lehrer
Gesetzliche Grundlage	§ 61 LBG*	§ 8 TzBfG**	Regelungen wie bei Tarifangestellten
Länge des Sabbaticals	1 Jahr	Bis zu 1 Jahr	1 Jahr
Gesamtzeitraum	Bis zu 7 Jahre	4 bis 7 Jahre	4 bis 7 Jahre
Zeitliche Lage des Sabbaticals	Am Ende des Zeitraumes	Am Ende des Zeitraumes	Am Ende des Zeitraumes
Sonstiges	Umwandlung anstelle der Freistellungsphase auch in Arbeitszeitreduzierung möglich	Vereinbarung nach § 59 Mitbestimmungsgesetz über Teilzeitbeschäftigung in Form eines Sabbatjahres in der schleswig-holsteinischen Landesverwaltung Wenn personalwirtschaftliche oder dienstliche Gründe nicht entgegenstehen	Lehrkräfte können die Freistellungsphase nur während eines Schuljahres nehmen Wenn personalwirtschaftliche oder dienstliche Gründe nicht entgegenstehen

* Landesbeamtengesetz Schleswig-Holstein
** Teilzeit- und Befristungsgesetz

Thüringen

Thüringen hat identische Regelungen zum Sabbatical für Beamte, Tarifangestellte und Lehrer.

	Beamte	Tarifangestellte	Lehrer
Gesetzliche Grundlage	§ 63 Thür BG*	§ 8 TzBfG**	Siehe Beamte
Länge des Sabbaticals	Bis 2 Jahre	Bis 2 Jahre	
Gesamtzeitraum	Maximal 10 Jahre Gesamtzeit, vor der Rente bis zu 12 Jahren Gesamtzeit	Maximal 10 Jahre Gesamtzeit, vor der Rente bis zu 12 Jahren Gesamtzeit	
Zeitliche Lage des Sabbaticals	Am Ende des Zeitraumes	Am Ende des Zeitraumes	
Sonstiges	Portal für die Antragstellung eines Sabbatical: https://www.thueringen.de/th5/tfm/tarif_besoldung/arbeitssouverenitaet/ampelkonto/index.aspx, mit Musterantragsformular, Zeitvarianten und Berechnungsmodellen Wenn dienstliche Gründe nicht entgegenstehen	Portal für die Antragstellung eines Sabbatical: https://www.thueringen.de/th5/tfm/tarif_besoldung/arbeitssouverenitaet/ampelkonto/index.aspx, mit Musterantragsformular, Zeitvarianten und Berechnungsmodellen Wenn dienstliche Gründe nicht entgegenstehen	

* Thüringer Beamtengesetz
** Teilzeit- und Befristungsgesetz

Anmerkungen

1   Quelle: https://www.handelsblatt.com/unternehmen/beruf-und-buero/lea-
    derin/arbeitszeitmodelle-auszeit-als-anreiz/19548402.html
2   Quelle: https://corporate.xing.com/de/newsroom/pressemitteilungen/mel-
    dung/xing-sabbatical-studie-zahlreiche-berufstaetige-wollen-auszeit-stos-
    sen-allerdings-auf-widerstaende/
3   Quelle: DAK Gesundheitsreport 2015 und 2018, Seite 19
4   https://www.bundesregierung.de/Content/Infomaterial/BMZ/weltkarte_
    587972.html
5   Quelle:www.destatis.de/DE/Presse/Pressemitteilungen/2018
6   www.laenderdaten.info; Stand 9/2018

Stichwortverzeichnis

Die Autorin

Andrea Oder ist Sabbatical-Coach und arbeitet in Berlin, Prenzlauer Berg. Sie begleitet mit großer Freude Menschen dabei, ihrem Leben mit einer Auszeit wieder mehr Qualität zu geben. Mit ihrer Botschaft »Unser Leben ist zu wertvoll, um auf unseren Traum zu verzichten« motiviert sie Menschen und macht Mut, eigene Lebensziele umzusetzen.

Im Coaching unterstützt sie praxisbezogen ihre Klienten bei der strategischen Planung der Auszeit und hilft auch dabei, Ziele für ein Sabbatical zu finden oder mit Ängsten und Zweifeln umzugehen.

Andrea Oder selbst hat bereits drei Mal einen Ausstieg auf Zeit gewagt und weiß genau, worauf es ankommt. Von Presse und Medien wird sie regelmäßig als Expertin angefragt.

Weitere Informationen unter www.andrea-oder.de.